The Enterprise Cash Flow Banking

融資業務変革の基点

資金繰り予想の効用と技法

古尾谷未央[著]

一般社団法人 金融財政事情研究会

はじめに

　私は日本政策金融公庫（中小企業金融公庫）を出て十数年になるが、在職当時は銀行と取引先企業のやりとりは「こんなものだ」と、いつのまにか勝手に決めつけてしまっていたところがあり、もっと社長の心の奥底までを汲み取っていこうという思いが足りなかった。

　入庫1年目の冬、長年の取引先で融資残高も大きかった地元の有力企業の社長から、資金繰りがもたずに今月末不渡りになりそうだと相談があった時の情景は、今でも忘れることができない。夕方の応接室でソファに座り、上席と一緒に話を聞いていたが、最終的には融資は出せないと断ることになった。少しだけ間を置いて小さく頭を下げると、社長は無言で帰っていった。「肩を落とす」というが、落胆した人の背中は本当にそうなる。その時の経営者の気持ちは、今では本当に痛いほどわかる。もう少し自分に何かできることはなかったのかと、悔恨の念に駆られている。

　中小企業は経営者が1人で奮闘していることが多く、支える存在が必要だが、本当に心から支えるという思いがないと経営者には伝わらないし、行動を変えてもくれない。銀行には、もっと関与できることがあるはずだという思いから、本書の筆をとることになった。

　ありがたいことに、今も多くの銀行員と話す機会を得ているので、銀行員ならではの悩みも共有させていただいている。以前は協調融資で地域銀行の銀行員の方々と取引先をどう支援していくか等を話すことが多かったが、クラウドサービスや研修などで銀行を支援する立場になったこともあり、DXやシステム化を含めて「銀行の未来」を語ることが増えてきた。本書に関心をもつのは銀行員の方が多いと思うが、接する機会があった銀行員の方々の現場の状況も踏まえながら執筆したつもりだ。

　銀行員の方々との会話のなかでいつも思うのは、どの人も本当に真剣に地域のこと、取引先企業のこと、そして銀行のことを考えているということだ。少しでも知識を吸収してレベルアップを図りたいという思いも伝わって

くる。それに応えられるよう、私自身も資金繰り予想のクラウドサービスを
もっとよくしていこうと、日々社員と一緒に真剣勝負を繰り返している。

　公庫での10年間は取引先の経営者にかわいがってもらい、多くを学ばせて
いただいた。その後、日本生産性本部で研鑽の機会を得て、銀行員とは違う
視点を学ぶことができた。さらには、独立してから多くの中小企業の社長の
支援を十数年間行ってきたが、逆に教えてもらったことのほうが多い。こう
した出会いや学びが今につながって、弊社のクラウドサービス、ICAROS-V
になっている。

　「ピンチはチャンス」という言葉があるが、順調にいっている時は誰も流
れを変えようとは思わない。そして、いざピンチに気づくと、不安ばかりが
先に立ち前向きに考えられなくなる。ピンチをチャンスに変えることは容易
ではない。

　銀行も、今はピンチかもしれない。「銀行はもはや終わった」という風潮
も一部にはある。しかし、私自身は決してそうは思わない。これだけ頭脳明
晰で、やる気も思いも強くもった人材が集まっている組織は、あらゆる業種
業態を見渡してもそう多くはない。同じ思いの友は、必ず組織のなかにい
る。たとえ1人からのスタートであっても、このピンチを本当のチャンスと
してとらえ、未来へフォーカスすることができれば、その進路は大きく変わ
るはずだ。向かい風に抗うには、一人ひとりのベクトルを揃えるしかない。
本書を通じて、銀行が「次の時代」のトップランナーになるお手伝いができ
れば、こんなに嬉しいことはない。

　2024年3月

古尾谷　未央

目　次

第7章　新しい銀行の時代………………………………………………112

序　章
銀行というブランドの崩壊

　まずは、私自身の経験を踏まえて融資業務について少し考えていきたい。公庫に10年間在籍していたが、公庫にいた時は、決算書と工場などを見て企業のことを十二分に把握して理解していると思っていた。今思うと、とんだ勘違いであって、経営者の頭のなかまでは見えていなかったと反省している。

　数字は、どこまで追求しても、当たり前だが「数字」でしかない。そこから経営（企業）の何を読み取るのかが重要であり、どこまで細かく企業の実態を読み取ることができるかを「解像度」と表現している。解像度を高めることで融資業務などもレベルアップする。つまり、数字からリアルの企業、現場が見えてこそレベルアップしたといえるのだ。

　解像度は、数字への感度といってもいい。解像度が弱い銀行員が現場を見ても、また経営者と話しても、何も気づかない。

　この解像度は長年の経験のなかでしか身につけることができない。とはいえ、遠回りできる時間の余裕もないので、できるだけ効率よく身につけるためには、決算書の数字を数字としてとらえるのではなく、できるだけ多く12ヶ月間のドラマを経営者と共有することが大切になる。何よりも、経営者に教えてもらうのが近道だ。そこから、経営のリアルなストーリーが見えてくる。その機会は、銀行員であれば、少し意識を変えれば、日常に広がっているはずだ。

　近年、銀行の業務は効率化・省力化のためにシステム化が進み、事務ミスもなくなって一見するとよい方向に向かっているように見える。様々な財務分析数値も自動で帳票として出てきて、それを見れば分析した気になってし

まう。しかし、この効率化・省力化のシステムが、銀行員の「決算書から考える」という基本動作ともいえる行為も「省力化」しまったように感じる。これが現在、大きな問題になってきている。銀行員は数字を見て考えているようだが、表面をなぞっているだけで、数字の奥にある背景まで考察したものではなく、解像度が低いのだ。

システムで出るのは、あくまで「計算結果」にすぎず、これまでのベテラン行員の「思考」をシステムで再現できているわけではない。あくまで比率等の計算結果であって、生の決算書の数字をもとに企業の真の姿や課題を考え、企業の「痛いところ」を見抜くベテランの勘はシステム化されていない。かえってシステム化によってベテランのノウハウが人に承継されにくくなってしまっている。

弊社のクラウドサービスを導入している銀行では、現場の銀行員が決算書の原本（写し）に直接触れる機会が増えたと聞く。これまで決算書は本部の管轄部署に送られ、現場の銀行員が見る機会はあまりなかった。生の決算書を見る機会が増えたことで、顧客との深い対話ができるようになり、不透明な取引に気づくことも増えたという。一見、システムによる効率化から逆行しているようにも思えるが、生の数字をもとに考える機会をつくることが、付加価値が求められる銀行業務において大切であり、真の効率化であるといえるのではないだろうか。

銀行の業務がますます増えるなか、効率化は必要だが、銀行の法人営業は定型のサービスを提供するだけでなく、企業や経営者にあったオーダーメイドのサービスを提供していかない限り評価されることはない。このように考えると、表面的な効率化が現在の銀行員にとって弊害になっている可能性は高い。

このような状況が今後も続くとなると、数年後には銀行というブランドは地に落ちてしまいかねない。コロナ禍で地域銀行の存在価値は高まったが、それで満足してはならない。銀行というブランドの崩壊を防ぐことが、そこで働く銀行員一人ひとりの喫緊の課題である。本書を通じて、銀行というブランドの崩壊をどうすれば防ぐことができるかについて考えていきたい。

第 **1** 部

資金繰り分析の手法と
新たな資金繰り予想システム

当然だが、資金がなくなれば、企業は立ち行かなくなる。銀行は融資を通じて、企業の資金繰りを支えている。コロナ禍で経済活動が停止しても、多くの企業が倒産を免れたのは、銀行のゼロゼロ融資や政府系金融機関の支援があったからにほかならない。

　しかし、多くの経営者は資金繰りや財務に関して苦手意識をもっている。また、資金が足りなければ、とりあえず借入でしのげればよいという安易な考えをもってしまい、資金不足の背景にある問題が先送りされていることが多い。

　2023年秋の現時点ではゼロゼロ融資の返済も本格化し、倒産件数も昨年を大幅に上回る状況が続いている。やはり銀行員が資金繰りの基本を押さえ、取引先企業に対して財務面での改善支援を行う必要があると強く感じる。

　そのためには、銀行員が取引先企業の未来の資金繰りを一緒に考えることが大切になる。これは2〜3ヶ月先の「お金の入りと出」を押さえるということではない。企業の事業活動と体質を理解し、それをもとに今後の資金繰りを見通していくということである。

　「資金繰り見通しと事業や財務の改善とがどのように結びつくのか」という疑問をもつかもしれない。しかし、本書を読み進めていけば、資金繰りが企業のあり方と密接に結びついていることを理解できると思う。これは私が公庫に10年在籍し、企業支援を十数年経験してわかったことである。

　本書の第1部では、まず資金繰り表の見方、資金繰り見通しの立て方など基本事項の確認をするとともに、資金繰りの作成を企業との対話につなげた事例を紹介したい（第1章）。次に当社が銀行に提供している資金繰り予想のクラウドサービスの開発経緯とそのロジック・機能の概要を紹介したい（第2章）。

第 1 章
企業経営における資金繰りの重要性

1－1　決算書と資金繰り表の違い

　読者に若手行員がいることを想定し、念のために決算書と資金繰り表の違いについて解説する。決算書のP/L（損益計算書）は12ヶ月間の売上と費用の「集計」であり、B/S（貸借対照表）は決算期末時点における事業資金の調達と運用の状況を表している。P/LとB/Sから算出したキャッシュフロー計算書からは年単位のお金の動きがわかるが、期中12ヶ月間のお金の動きまでは見えない。これに対して、資金繰り表では12ヶ月間のお金の動きを見ることができる。

　実際に企業で取引があった場合、P/L、B/S、資金繰り表はどのような動きになるのかを確認しておきたい。たとえば、1ヶ月目に商品60万円を仕入れて、2ヶ月目に仕入代金を支払い、3ヶ月目に売上90万円が立ち、4ヶ月目に売上代金を回収したとすると、P/L、B/S、資金繰り表の動きは図表1－1－1のようになる。なお、期首の預金残高は100万円とする。

　1ヶ月目に商品の仕入を行った場合、B/S上、負債側で買掛金60万円、資産側で棚卸資産（在庫）60万円が計上されるだけである（P/L上、費用は認識されない）。その時の預金残高は期初と同様、100万円である。

　2ヶ月目に仕入の支払を行うと、買掛金60万円が消え、資金繰り表で60万円の支払が発生し、預金残高は40万円になる。お金は外部に流出しているが、P/L上、仕入の支払はまだ費用として認識されない。

　3ヶ月目に商品が販売され、売上90万円が計上された。それにあわせて商品在庫60万円が原価に振り替わり、利益が30万円計上される。また、B/Sに売掛金が90万円計上される。このように、売上計上のタイミングでP/Lに費

図表1-1-1　仕入と売上が発生した際のP/L、B/S、資金繰り表の動き

（単位：百万円）

	1ヶ月目 商品仕入	2ヶ月目 仕入代金支払	3ヶ月目 商品売上	4ヶ月目 売上代金回収
P/L			売上高　　　90 売上原価　　60 損益　　　　30	
B/S	棚卸資産　　60 買掛金　　　60	買掛金　　　 0	売掛金　　　90 棚卸資産　　 0	売掛金　　　　 0
資金繰り	預金残高　 100	仕入支出　▲60 預金残高　　40	預金残高　　40	売上代金回収　90 預金残高　　 130

（注）　消費税分は考慮外。

用が計上される。ただし、お金の出入りはないので、資金繰り表では何も起きない。

　4ヶ月目は、その売掛金90万円が回収されたので、資金繰り表でそれが認識され、預金が130万円になる。B/Sでは、売掛金が預金に振り替わる。しかし、P/Lでは何も起きない。

　このようにP/Lと資金繰りにはズレが生じており、P/Lだけ見ていても、実際のお金の動き、具体的には2ヶ月目に資金が40万円になるといったことまでは見えない。このような取引の流れとお金の動きを知ることで、P/LとB/Sの理解が深くなる。

　資金繰り表では、企業のお金の出入りを「経常収支」「経常外収支」「財務収支」に分けて認識する。経常収支とは、本業の事業活動に伴うお金の出入りである。経常外収支とは、本業以外の活動から生じるお金の出入りである。財務収支とは、金融機関や資本市場との間の調達と返済に係るお金の出入りである。

1-2　経常収支の回収と支払の波

　まず、経常収支について検討しよう。企業の資金繰りには「波」が存在す

る。売上の回収と費用の支払それぞれ1年間を通じて月ごとに変動するのが通常であり、これが年間を通じて企業特有のトレンドになっている。まずはこの1年間の波を把握することが、企業の資金繰りの大局を理解するうえで重要になる。

図表1-2-1の事例では、4～5月の資金繰りが最も苦しく、大幅なキャッシュアウトとなっており（4月経常収支▲20百万円、5月経常収支▲18百万円）、実際5月に30百万円の借入をしている。

毎月の売上には多寡があり、取引先ごとに回収条件も異なるため、回収額は年間を通して一定ではなく、月ごとにバラツキが生じる。不動産賃貸業など一部業種を除いて、安定して回収額が推移することはほぼない。

回収の少ない月は支払のため資金繰りが苦しくなり、手持ち資金が少なければ支払不能に陥ってしまう。事前に予測できれば回収の前倒しや仕入の制限などの対応もできるが、そうでないと金融機関に駆け込むことになってしまう。

一方、支払は、変動費である仕入外注費の支払と固定費である人件費などの支払が主なものとなる。仕入外注費の支払は売上に連動するが、製造業であれば製造期間によって仕入時期が決まってくる。つまり、毎月の在庫の増減が資金繰りに大きな影響を及ぼしているのだ。在庫高は毎月大きく変動しており、特に売上が伸びる前の月には、それにあわせて仕入が伸び、その支払負担から資金繰りはタイトになりやすい。一般的に「売上が伸びる前に倒産が発生しやすい」といわれるのは、このためだ。

図表1-2-1の企業では、5～7月の売上が伸びる前に仕入が発生し、その支払が4月に35百万円、5月に50百万円となっている。このように、買掛金支払の波が売掛金回収の波とあっておらず、回収が増える前に支払が先行するため、4～5月の経常収支が大幅マイナスとなっているのだ。

最後に、固定費の支払については、波が大きい買掛金支払に対し、ほぼ一定で推移する。変動があるとしたら、賞与の支払月、消費税や法人税の支払月くらいだろう。

回収の波が大きい企業で、固定費の支払が大きい場合、資金繰りは苦しく

図表1－2－1　1年間を通じた資金繰りの変化

		9月	10月	11月	12月	1月	2月
	繰越金残高	80,374	84,074	102,397	112,773	108,876	106,276
経常収入	現金売掛金手形回収計	0	0	0	0	0	0
	現金回収	0	0	0	0	0	0
	売掛金回収	20,836	31,174	24,019	23,163	20,046	15,788
	手形回収	20,323	20,323	20,323	4,652	6,960	5,362
	手形割引譲渡	0	0	0	0	0	0
	雑収入	586	1,214	586	586	586	586
	受取利息・配当金	10	10	10	10	10	10
	その他	0	0	0	0	0	0
	経常収入	41,754	52,721	44,938	28,411	27,601	21,746
変動経常支出	仕入_現金	0	0	0	0	0	0
	仕入_買掛金	24,314	20,608	20,951	18,698	15,073	15,997
	仕入_手形	0	0	0	0	0	0
	変動経常支出	24,314	20,608	20,951	18,698	15,073	15,997
固定経常支出	人件費	2,548	2,548	2,548	2,548	2,548	2,548
	役員報酬	2,700	2,700	2,700	2,700	2,700	2,700
	賞与	0	0	0	0	0	0
	退職金	0	0	0	0	0	0
	法定福利費	663	663	663	663	663	663
	地代家賃	611	611	611	611	611	611
	リース料	0	0	0	0	0	0
	賃借料	113	113	113	113	113	113
	荷造運賃	557	557	557	557	557	557
	消耗品費	127	127	127	127	127	127
	修繕費	0	0	0	0	0	0
	水道光熱費	53	53	53	53	53	53
	接待交際費	220	220	220	220	220	220
	広告宣伝費	36	36	36	36	36	36
	販売促進費	0	0	0	0	0	0
	旅費交通費	375	375	375	375	375	375
	その他_課税	1,704	1,704	1,704	1,704	1,704	1,704
	その他_非課税	16	16	16	16	16	16
	保険料	166	166	166	166	166	166
	支払利息	317	317	317	317	317	317
	割引料	0	0	0	0	0	0
	租税公課	19	19	19	19	19	19
	消費税	0	0	0	0	1,518	0
	法人税	0	180	0	0	0	0
	固定経常支出	10,223	10,403	10,223	10,223	11,741	10,223
	経常支出合計	34,537	31,011	31,175	28,921	26,814	26,221
	経常収支	7,217	21,710	13,763	-511	787	-4,475
	経常外収入	0	0	0	0	0	0
	経常外支出	131	0	0	0	0	0
	経常外収支	-131	0	0	0	0	0
財務収入	短期	0	0	0	0	0	0
	長期	0	0	0	0	0	0
	財務収入	0	0	0	0	0	0
財務支出	短期	0	0	0	0	0	0
	長期	3,387	3,387	3,387	3,387	3,387	3,387
	財務支出	3,387	3,387	3,387	3,387	3,387	3,387
	財務収支	-3,387	-3,387	-3,387	-3,387	-3,387	-3,387
	資金残	84,074	102,397	112,773	108,876	106,276	98,415

3月	4月	5月	6月	7月	8月	合計
98,415	87,317	63,480	71,090	62,205	56,650	
0	0	0	0	0	0	0
0	0	0	0	0	0	0
16,877	21,510	38,377	55,130	58,175	56,776	381,871
5,171	4,475	3,525	3,768	4,802	8,568	108,251
0	0	0	0	0	0	0
586	586	586	586	586	586	7,662
10	10	10	10	10	10	116
0	0	0	0	0	0	0
22,644	26,581	42,497	59,494	63,573	65,939	497,899
0	0	0	0	0	0	0
20,132	35,290	50,776	54,269	53,501	51,835	381,444
0	0	0	0	0	0	0
20,132	35,290	50,776	54,269	53,501	51,835	381,444
2,548	2,548	2,548	2,548	2,548	2,548	30,572
2,700	2,700	2,700	2,700	2,700	2,700	32,400
0	0	0	0	0	0	0
0	0	0	0	0	0	0
663	663	663	663	663	663	7,950
611	611	611	611	611	611	7,329
0	0	0	0	0	0	0
113	113	113	113	113	113	1,361
557	557	557	557	557	557	6,679
127	127	127	127	127	127	1,519
0	0	0	0	0	0	0
53	53	53	53	53	53	639
220	220	220	220	220	220	2,637
36	36	36	36	36	36	432
0	0	0	0	0	0	0
375	375	375	375	375	375	4,501
1,704	1,704	1,704	1,704	1,704	1,704	20,445
16	16	16	16	16	16	189
166	166	166	166	166	166	1,995
317	317	317	317	317	317	3,807
0	0	0	0	0	0	0
19	19	19	19	19	19	227
0	1,518	0	0	1,518	0	4,553
0	0	0	0	0	0	180
10,223	11,741	10,223	10,223	11,741	10,223	127,413
30,355	47,031	61,000	64,492	65,242	62,058	508,857
-7,711	-20,450	-18,503	-4,998	-1,668	3,881	-10,958
0	0	0	0	0	0	0
0	0	0	0	0	0	131
0	0	0	0	0	0	-131
0	0	0	0	0	0	0
0	0	30,000	0	0	0	30,000
0	0	30,000	0	0	0	30,000
0	0	0	0	0	0	0
3,387	3,387	3,887	3,887	3,887	3,887	42,641
3,387	3,387	3,887	3,887	3,887	3,887	42,641
-3,387	-3,387	26,113	-3,887	-3,887	-3,887	-12,641
87,317	63,480	71,090	62,205	56,650	56,644	

なりやすい。このため、回収の変動に耐えられるよう人件費など固定費全般を見直していくことが大切となる。攻めが得意な経営者は人を先行採用して事業拡大を図るが、回収の変動が大きい企業は固定費が大きいと借入金が増えてしまうという点にも留意しなければならない。

1－3　経常外収支

⑴　経常外収支とは

　経常外収入とは、本業とは異なる補助金の収入、保険の解約収入、店舗の保証金の戻りなどを指す。決算書に貸付金が残っている企業なら、その毎月の回収状況等をこの経常外収入で確認することができる。固定資産の売却収入も経常外収入に該当する。また、積立などの固定性預金については、経常収支の資金残には加えないため、積立預金等を解約した時には経常外収入に計上される。なお、企業は資金繰りが苦しくなると、資産を売却して資金繰りに充てることがあるため、経常外収入を確認することが重要になる。

　一方、経常外支出とは、本業の仕入や経費以外で流出した資金を指す。設備投資に関する支出が中心になるが、そのほかにも貸付金や有価証券の購入などがある。本業以外のお金の流れを知ることによって、経営者の考えなども見えてくる。

　製造業で機械設備などを抱えている場合、毎年設備の更新等が必要となり、一定の支出が必要となる。これを「企業維持費」という。これは、損益に計上されないため、年間の資金繰り計画に織り込んでおくことが大切になる。実際、多くの企業が予想以上の企業維持費の支出のため、追加借入を余儀なくされている。具体的には、製造業では数年ごとの機械設備の入替えやオーバーホール、小売業では定期的な店舗の修繕や空調の修理などがあげられる。また運送業でも、トラックなどの車両は約10年に一度は入替えが必要であり、そのための資金を計画的に毎年積み立てていく必要もある。

　中小企業では、企業維持費のために本業で出た利益などあっという間になくなってしまう。ここを考えず、わずかな利益を節税のために使ってしまう企業は、借入に依存した経営体質になってしまう可能性が高い。設備投資を

毎回借入で賄っていたら、借入金が減ることは絶対にない。それどころか、追加の借入が増え、あっという間に借入金が年商近くにまで膨れ上がってしまうだろう。

このため、資金繰り予定とあわせてB/Sの借入残の推移を常に見ておくことが大切になる。借入金とのバランスを見て投資を考えていくことで、企業の継続性を高めることができる。多くの経営者はここが弱いため、銀行のアドバイスが必要になる。

(2) 設備投資と資金繰り

企業が設備投資した場合、資金繰りが今後どうなっていくかを考えることも大切な視点となる。企業の作成した投資による年単位のP/L計画を見るだけでなく、毎月の資金の動きを追っていく必要がある。その際、売掛金の回収をできるだけ固めに、固定費の上昇を多めに見込み、借入金返済の増加も加味して資金繰りを予想していく。

月次の資金繰りに落としてみると、消費税や賞与の支払、借入金の返済などで、想定したよりはるかに厳しい資金繰りになることが多い。従業員が機械設備の操作に慣れるまでに半年以上はかかるため、その間は売上を伸ばせない一方で、経費の増加や借入金の返済に直面し、資金繰りはタイトになってしまう。

多くの経営者は、設備投資が資金繰りにどのような影響を与えるかを数字で把握することが苦手なので、投資効果だけを見て「なんとなく大丈夫だろう」と考えて意思決定してしまう。そこで、銀行側で資金繰り予想を作成してあげられれば、頼りにされることは間違いない。その際、経営者と一緒に月次で売上を予想して資金繰りに落とし込み、機械設備が通常稼働するまでの期間なども踏まえて、予想を立てていく。ここで運転資金の必要額を予想に織り込むのはもちろんである。

(3) 【事例】設備投資を行う場合の資金繰り見通しの立て方

部品加工メーカーが設備の全額を借入金で賄い、従業員を2人増やした場合の資金繰りを予想してみたい。直近決算のB/Sは図表1-3-1のとおりで、直近の実績および8月以降を予想した資金繰りが図表1-3-2となる。

本件では取引先の要望で設備投資をしたが、すぐには売上が伸びなかったケースを想定している。

実績ベースで資金繰りがある程度順調に回っていたとしても、売上が伸びないと予想される場合には、固定費と借入金返済の増加から、あっという間に資金不足に陥ってしまうことがわかる。このため、10月には追加で運転資金10,000千円の融資が必要となることも見えてくる。

これまで同社では発注増を目論み、取引先から言われるがまま設備投資を

図表1－3－1　直近決算の貸借対照表

(単位：千円)

現預金	10,000	買掛金	5,000
売掛金	12,000	その他	5,000
在庫	8,000	長期借入金	80,000
その他	10,000		
固定資産	40,000	自己資本	▲10,000
資産合計	80,000	負債資本合計	80,000

図表1－3－2　8月以降の予想

実績 ⬅ ➡ 予想

(単位：千円)

	3月	4月	5月	6月	7月	8月	9月	10月	11月	12月
月初現預金	10,000	9,900	9,700	11,060	9,940	10,980	10,355	9,330	6,805	5,780
売掛金回収	9,700	10,000	11,000	9,600	12,300	9,900	9,500	9,500	9,500	9,500
買掛金支払	4,000	4,400	3,840	4,920	3,960	3,900	3,900	3,900	3,900	3,900
固定支出	5,000	5,000	5,000	5,000	6,500	5,525	5,525	7,025	5,525	5,525
経常収支	700	600	2,160	-320	1,840	475	75	-1,425	75	75
経常外収入										
経常外支出				20,000						
財務収入				20,000						
財務支出	800	800	800	800	800	1,100	1,100	1,100	1,100	1,100
月末現預金残	9,900	9,700	11,060	9,940	10,980	10,355	9,330	6,805	5,780	4,755

追加融資の検討

してきた結果、借入80,000千円と借入過多で、過去の赤字のために自己資本も▲10,000千円と悪化してしまった（図表1－3－1参照）。借入に頼った設備投資を続けていると、財務体質は悪化してしまう。そして、将来追加借入ができなくなれば、設備投資もままならず、企業の成長も止まってしまうことが想定される。

　この企業では、取引先から新たな設備投資の要求があったとしても、じっと我慢して過去の投資を回収するまで、新たな取引先を開拓するなど設備の稼働率を上げていく方策をもっと検討すべきだったといえる。こういった自助努力が不足していたため、ズルズルと借入が増えてしまったのだ。こういった助言をせず、設備投資の借入申込みに対し盲目的に融資するだけでは企業の健全な成長につながらない。

⑷　働く従業員にまで目を向ける

　話の本筋からは外れるが、設備投資について触れたついでに、設備投資の際には現場の従業員に目を向ける必要があることを指摘したい。リースや借入で投資をしていると、利息や元本返済金の支払が重くのしかかる。しかも、もし売上や付加価値が伸びなければ、賞与などによる従業員への還元ができないため、従業員から「社長は設備にはお金をかけるが、我々従業員にはお金をかけない」という不満や反発が出てくる。

　経営者がさらなる受注増のために営業活動に邁進しても、従業員が本気になって協力しないと絶対に利益は残らない。従業員は新しい機械の操作方法を覚えることにも当初は大変に苦労する。社長は導入した設備をしっかり稼働させるため、従業員の尻をたたきつつ協力体制をつくりあげていかねばならない。そのために、従業員にしっかりと還元していくことも大切となる。

　銀行員が取引先の従業員の気持ちを量るモノサシとして活用できるのが、従業員1人当たりの給与額だ。決算で計上された給与額を社員数で割ると、1人当たりの給与額がわかる。これが業界平均や地域相場より高い場合、その企業の従業員の勤労意欲は比較的高いと考えられる。逆に低い場合、何かしらの問題が内在している可能性がある。

　そこで重要になるのが、今後の人件費アップの方針である。やはり毎年

1〜3％アップは必要であり、そのためには粗利益（付加価値）を向上させなければならない。経営者が、付加価値向上のための戦略をどう考えているのかが重要だ。

銀行員としては、どのように取引先を新規開拓しようとしているのか、新たな業界にどう入っていき、既存の設備をフル稼働して付加価値を高めていこうとしているのかを聞き出すことが重要になる。そして、有意義なアドバイス、新規取引につながるようなマッチングまでできれば、経営者にとって本当にありがたく、強固な関係が築かれることは間違いない。

1－4　財務収支

⑴　財務収支とは

中小企業における財務収支とは、主に借入金の調達と返済のことを指す。多くの場合、借入金の返済が支出の大きなウェイトを占め、特に短期借入金の返済は資金繰り上、大きな負担となる。借入金の返済は約定しているため、今後の支出を資金繰り予想に組み入れることは可能だ。当然、経営者は1年間の返済予定を頭に入れておかなければならない。

手形等で設備を購入する場合の設備手形の決済も、この財務収支に該当する。これは、設備を長期の割賦手形で購入し、毎月返済していくファイナンスリースという形態だ。製造業や運送業では、設備手形を利用して設備を購入することが多い。B/S上、設備は固定資産に、設備手形は固定負債に計上され、P/Lで毎月の減価償却費を計上することになる。特に設備産業では、設備手形は資金繰りをひっ迫させる要因となるため、財務支出として資金繰り表でしっかりと認識することが重要となる。

⑵　財務収支は経常収支と比較する

資金繰り表においては、財務支出を経常収支と比較して見ていくことが肝心となる。借入金の返済は通常、本業の経常収支から行うことになるためである。もっとも、前述のように毎月安定した経常収支が出る企業は不動産賃貸業などを除いて存在せず、ほとんどはマイナスの月とプラスの月が半々程度となるだろう。

財務支出と比較する場合、経常収支を、①年間合計→②３ヶ月ごと→③月ごとのように分けて見ていくことが大切になる。まず年間の経常収支が黒字で、財務支出とバランスしていれば、大枠で問題ない。次に、３ヶ月ごとに均衡していれば、資金繰りは安定しているといえる。これに対し、売上の規模がある程度大きく、また毎月変動するため経常収支マイナスの月が多い企業の場合、固定費を薄めるための収入の柱がないと、借入頼みになってしまう。

　銀行員としては、取引先企業が借入頼みになることを未然に防ぐため、財務支出と経常収支との差額を算出し、企業が必要とする借入額を認識しておくことが重要となる。１年間の集計ではなく、１年間を通じた資金循環から企業の実態をとらえることが重要になる。

1－5　【事例】機械メーカーの資金繰り分析

　以上を踏まえて、自社で設計し製造から販売まで行っている機械メーカーの資金繰りを分析してみよう（図表１－５－１参照）。機械の製造期間は、受注から納品まで１ヶ月半から２ヶ月ほどとなっている。

⑴　入金について

　当社の製品単価は１台当たり約８百万円であり、製品の売上は毎月大きく変動する。そのほかに機械の消耗品などの売上が毎月約２百万円あり、こちらは年間を通じて安定している。

　入金を見る場合、まずその企業の回収条件を大まかに把握しておくことが重要になる。この企業では一般的に、製品を出荷し「販売先の検収があがったあと」に、「販売先の締日と支払条件」で入金される。このため、「検収が予定どおりあがるか否か」が資金繰りにとって重要なポイントになる。

　実際の資金繰り表を見ていくと、売掛金の回収額は年間を通して大きな変動があり、入金のバラツキも大きい。売掛金の回収は、販売先の検収後１ヶ月程度が基準になるが、製品不良などで検収があがらず回収が後ろにズレてしまうこともある。これが資金繰りに大きな影響を与えるのだ。

　実際、９月の入金10百万円は、本来、順調に検収があがっていれば８月の

図表１－５－１　機械メーカーの資金繰り表

（単位：千円）

	5月	6月	7月	8月	9月	10月	11月	合計
資金残	23,000	28,200	23,600	24,900	22,400	24,700	21,700	
経常収入	14,000	10,500	2,000	2,300	12,400	11,600	17,300	70,100
製品売掛金回収	12,000	8,000	0	0	10,000	9,000	15,000	54,000
部品売掛金回収	2,000	2,000	2,000	2,000	2,000	2,000	2,000	14,000
その他		500		300	400	600	300	2,100
変動支出	2,000	8,300	6,200	8,000	3,300	7,100	2,400	37,300
買掛金支払	2,000	8,000	6,000	8,000	3,000	7,000	2,000	36,000
その他	0	300	200	0	300	100	400	1,300
固定支出	6,000	6,000	8,700	6,000	6,000	6,700	6,000	45,400
人件費	3,000	3,000	5,000	3,000	3,000	3,000	3,000	23,000
その他	3,000	3,000	3,000	3,000	3,000	3,000	3,000	21,000
消費税	0	0	700	0	0	700	0	1,400
経常収支	6,000	-3,800	-12,900	-11,700	3,100	-2,200	8,900	-12,600
経常外収入	0	0	0	0	0	0	0	0
経常外支出	0	0	0	0	0	0	0	0
財務収入	0	0	15,000	10,000	0	0	0	25,000
財務支出	800	800	800	800	800	800	5,800	10,600
資金残	28,200	23,600	24,900	22,400	24,700	21,700	24,800	

予定だったのだ。これが資金繰りに大きな影響を及ぼし、8月に10百万円の借入が必要になってしまった。こういったことを防ぐためには、製品の精度を高めて不良等をなくし、「検収を予定どおりあげる」ことが重要になる。そのためには、検収遅れの要因をしっかりと蓄積する必要がある。

　このように、企業活動はすべて資金繰りにつながると考え、資金繰りを分析することが重要になる。そして、「検収が遅れる要因」と検収の遅れを防ぐために企業が「どういった努力をしているのか」をヒアリングするとともに、製品不良率を下げるための他社の取組み事例などを話すことが有効なアドバイスとなる。

　また、当社の場合、実は企業の営業担当者も資金繰りに大きな影響を与えていた。これまで回収条件は取引先の言いなりで、製品の出荷後3ヶ月から4ヶ月後の入金ということも多かった。取引先がなかなか検収をあげてくれ

ず、取引先の締日の関係から入金までさらに時間を要するといった事態が頻発していたのだ。

このように営業担当者が回収条件について取引先としっかり交渉できていないと、回収は遅れがちになる。こういった企業文化になっている責任は社長にあるといえる。文書で取引先としっかり合意するという管理面の強化を怠っていたのだ。

実際、営業担当者が粘り強く取引先と交渉した結果、12月に予定されていた15百万円の入金を1ヶ月前倒しすることができたことにより、当社は11月に5百万円の返済をすることができた。

さらに資金繰りの改善のためには、営業担当者ができるだけ「前金」をもらえるように交渉しなければならない。営業担当者は「買ってもらうだけで精一杯だ」というが、実際に交渉していくと、前金に応じてくれる取引先は思いのほか多かった。

このように、入金管理においても生産面や営業面での様々な取組みが必要なのだ。こういった地道なことの積み重ねで資金繰りは改善していく。銀行員は、企業活動の一つひとつが資金繰りにつながっていることを、まず理解することが大切になる。

⑵　在庫について

当社の決算書のB/Sで材料在庫は3百万円となっており、期末はちょうど製造に着手するタイミングのため、通常より材料を多めに保有していることがわかる。この材料在庫は実際の企業活動で必要となるため、銀行員は安易に材料在庫を減らす提案をしてはならない。

また、製品在庫はないが、仕掛在庫は大きく、決算期末でも4台分となる22百万円（原価ベース）の仕掛在庫がある。これは「製造の期間が長く、仕掛となっている期間が一定期間ある」ということを意味する。

では、この仕掛品は資金繰りにどう影響するのだろうか。仕掛品となっている期間は入金がなく、材料費や外注費、固定費の支払や借入金の返済があり、資金繰りはタイトになりやすい。実際、7月と8月は製品の売掛金回収がなく、買掛金の支払や固定費の支払などで経常収支は▲12百万円ほどと

なっている。

在庫はいずれ売上になり、売掛金として回収されるので、在庫が一定量あることに問題はない。しかし、当社にとって問題なのは「受注が重複して仕掛在庫が一定期間積み上がってしまう」ことだ。当社の場合、月平均2台が売上目標なのだが、一定期間内に受注が重なってしまいがちなのだ。

実際、決算期末では受注が集中してしまい、仕掛在庫が多くなっている。こういった状況は期中でも多く発生しており、工場も繁閑の差が大きくなっていた。

銀行員は決算期末の数字をもとに期中の状況をヒアリングし、実際に工場の現場も確認したうえで、営業段階でなんとか受注の平準化を図れないかと検討を促すべきだろう。当社の場合、受注がゼロの月もあり、工場が遊んでしまっていることもあった。工場の人員がメンテナンスや営業のために、営業担当者に同行して得意先を回るといった取組みを行っていく必要もあるだろう。

さらには、製品の製造期間を短くして、受注から出荷までの期間を短縮することも課題といえる。そうすれば、出荷までの仕掛在庫の負担を減らしていくことができ、資金繰りは好転するのだ。

⑶ 企業の実態把握のための資金繰り表作成の有効性

当社の決算を見ると、1年間の売上と仕入を集計したP/Lでは売上高160百万円、経常利益5百万円と相応の利益が出ている。しかし、これまで説明してきたとおり、期中の資金繰りの状況は厳しく、経営課題も多い。

あらためて資金繰り表を見ると、収入が安定しないなかで、製造に必要な材料費や外注費の支払が売掛金の回収前にあり（6月から8月に買掛金の支払が増えて、売掛金の回収はそのあととなっている）、資金繰りを難しくしていること、また毎月6百万円の固定費の支払や毎月800千円の借入金の返済が大きな負担となっていることがわかる。機械の売掛金が毎月一定して回収できれば、固定費の支払と借入金の返済をしても問題ないが、実際はそうでないため不安定な資金繰りとなっているのだ。

決算書を見て売掛金や在庫が多い少ないといった分析で終わるのではな

く、資金繰りに置き換えて考えることで企業の実態が見えてくる。そして、企業の資金繰りを改善するにはどうすればよいのかを考えることが、課題把握につながるのだ。このように、資金繰り表は決算書からは見えない企業の様々な情報を提供してくれる有効なツールになる。

1 - 6　資金繰り予想のポイント

(1)　資金繰り予想の全体像について

資金繰りの実績を分析できれば、それをベースに予想を作成していくことができる。この予想作成が企業の深い理解につながり、それによって企業の課題も見えてくる。ここからは、予想の立て方について解説していきたい。図表1 - 6 - 1が資金繰り予想作成の手順になる。順を追って解説していきたい。

(2)　回収予想

毎月一定の売上のある企業なら、前期の月商をベースに翌年の毎月の売上を予想することは比較的容易だ。今期の月商の予想は、単純に前期実績の月商に5％アップや5％ダウンなどとして算出する。これまで企業と接してきたならば、様々な情報から来期はどうなるかの見当はつきやすいはずだ。

また、経営者と話す際には、得意先別に今後の売上がどう推移するかヒアリングしたい。そのために、決算書の売掛金の一覧を見て、過去からの取引先ごとの売上も確認する。そうすると取引先がどう変化してきたかもわかるし、経営者は得意先別に戦略をもっているので、それを饒舌に語ってくれるだろう。

このように経営者とじっくり話すことで、今後の戦略まで見えてきて、売上の予想を作成することができるのだ。

次に、取引先ごとの売上の月次予想をベースとして、取引条件を勘案して売掛金等の入金を予想する。これにより、月商の推移予想をもとに毎月の回収額を予想していくことができる。

図表1－6－1　資金繰り予想の手順

1．売掛金の入金予想

売上の月次予想をベースに、回収率などを勘案して予想する

2．買掛金の支払予想

① 仕入外注費の予想　予想売上高に 実績の仕入外注比率を乗じて算出する	② 在庫高の予想 常に1ヶ月分は材料在庫をもつ等

3．経費の支払予想

① 変動経費 売上と連動させ予想する	② 人件費　人員の増減や 賃金増を考慮する	③ その他固定経費　前年の 支払実績を基準にする

4．消費税・法人税の支払予想

【2ヶ月目】前期B/Sの未払分から予想する　　【期中】前期確定分から予想する 【期末】当期分と期中支払分の差額がB/Sに計上される

5．経常外収支の予想

固定資産売却収入などの「経常外収入」と、 設備投資などの「経常外支出」を予想し、その差額である「収支」を予想する

6．財務収支の予想

借入金の返済を織り込み、借入調達を考える

資金繰り予想の完成

確定した毎月の経常収支、経常外収支、財務収支を用いて、資金繰り予想を 作成する。資金残が最低でも固定費の1ヶ月分を下回っていないことを確認する

⑶　支払予想

(ⅰ)　支払の種類

　支払は、①買掛金の支払、②経費の支払、③消費税・法人税の支払の3つに分類される。これらは、「前期の支払実績」と「今期の売上予想」をもとに予想を立てる。

(ⅱ) 買掛金の支払予想

　買掛金の構造を理解すれば、その支払予想を立てることは難しくない。これは、①仕入外注費の予想、②在庫高の予想、③買掛金推移表の作成、に分けて考えていくことが大切となる。

①　仕入外注費の予想

　仕入外注費は変動費のため、予想売上に実績の仕入外注比率を乗じて毎月の金額を算出する。

　ただし、この算出方法だと「在庫の増減分」を加味できないため、製造業であれば在庫の増減を加味した「加工高（または生産収入）」を使うことも検討する。在庫の増減分を売上に加減算して加工高を算出し、これを基準として仕入外注比率（仕入外注費／加工高）を算出するのだ。材料費や外注費に対応する売上が当期に計上されない場合、仕掛品や製品として計上されて当期の売上原価が調整されることとなる。このため、その仕掛品・製品の増加分を売上に加算した加工高から実績の仕入外注費比率を算出する。在庫が来期決算で増加する見込みの場合は、その分も加味して仕入外注費の予想を立てることになる。

　なお、業界全体のトレンドを踏まえ、その企業の仕入外注比率がどのように変化するかを考えることが大切である。多くの中小企業は、仕入単価が上昇しても、それを販売単価に簡単には転嫁できない。血のにじむような努力でその仕入単価のアップを合理化で吸収する企業もある。

②　在庫高の予想

　企業の実態を踏まえて仕入がどのタイミングで発生するかを予想する。一般的に製造業であれば、製品を出荷して売上になる前に、材料を仕入れ、製造するための期間がある。その間、仕入額は仕掛在庫として滞留する。このため、平均的に見て「〇日前に材料の調達を行う」といった目安を企業ごとにもつ必要がある。

　また、決算期末での在庫高も予想する必要がある。担当者が企業の実態を理解していれば、「来期の在庫高はどうなるのか」がある程度わかるはずだ。売上が上がればそれに応じて在庫も増える傾向にあるのか等、実態を踏まえ

て在庫高を予想する。

　経営管理の弱い企業の場合、売上の増加に伴ってついムダな仕入が増え在庫も増えてしまいがちだ。在庫増加に必要な資金をもっぱら借入で賄うことは、長い目で見て企業にとってよいことにならない。企業の継続性を高めるためには、管理力を高めて在庫を増やさないようアドバイスすることが求められる。

　③　買掛金の支払予想

　仕入外注費の予想ができたら、これをもとに買掛金と支払手形の決済を予想する。前期末の買掛金残高から始まって、毎月の仕入・外注の発生額を記載し、企業の支払条件から毎月の買掛金の支払と支払手形の決済額を計算し、支払の予想を出すことができる。

(iii)　**経費の支払予想**

　経費の支払予想は、①変動経費、②人件費、③その他固定経費、④消費税・法人税に分けて考えていく。

　①　変動経費の支払予想

　変動経費としては、広告宣伝費や荷造運賃などがあげられ、これらは売上と連動する。したがって、実績の「広告宣伝費／売上」や「荷造運賃／売上」などを出しておき、これらを売上予想に乗じて算出することになる。中小企業で広告宣伝費は「毎年この程度の費用を払っているから」という理由で、ほぼ固定費となっているのが実態だが、本来、広告宣伝費は売上に直接つながる経費科目としてとらえるべきだ。このため、広告宣伝費の効果測定を行って、見直しを図ることが大切となる。同様に荷造運賃についても、たとえば、機械商社であれば、海外から製品を輸入するための運賃は売上と結びついており、売上比で予想することができる。

　②　人件費の支払予想

　人件費の支払予想は、まず１人当たり人件費の実績を算出しておく。これにより、人員の増減に応じて、簡単に人件費を試算することができる。現在の経営環境下では、人件費を毎年３％程度アップさせられないと、よい人材を確保しておくことはできないことや、同業者の給与水準も勘案して、人件

費の予想を立てるべきだ。また、法定福利費は人件費に一定比率を乗じて算出する。

　次に、賞与の支払予想については、前期の実績で何月にいくら出ているかを確認する。一般的には7月と12月に支払があり、決算書に賞与として金額が記載してあるはずだ。この金額を各月に割り当て、来年はどのくらいアップするかを予想する。多くの中小企業では、賞与の支給で資金繰りが一時的に苦しくなる。借入をして払う企業も多いので、予想でもいくらの支払になるのかを、しっかり考えておくことが大切になる。

　実績で決算書に退職金支払の記載があれば、企業の状況を見て毎年同じ程度の退職金が出ることも予想できる。ただし、当面、退職者が出ない状況であることがわかれば、こういった支出を見込む必要はない。

　また、人員が増えれば、それに伴い経費が増えていくという考えをもっておく必要がある。旅費交通費、備品・消耗品費などは、人員数に応じて増減する。このため、大まかにこれらの1人当たりの経費を試算しておき、人員増となった場合には、その分を加算して予想すると固めの経費予想にすることができる。

③　その他固定経費の支払予想

　その他固定経費の支払予想は、基本的には前年の支払実績を基準にして、金額の大きな項目から考えていく。たとえば、どの企業でも地代家賃の支払負担は大きく、事業所の閉鎖などがなければ、前年実績並みと見るのが妥当だ。同様に水道光熱費、保険料、接待交際費なども、前年実績をベースに予想していく。また、リース料については、明細等がもらえれば支払を予想することができる。なお、支払利息については、すでに返済した借入金の利息相当分を減算し、新たな借入に伴う利息分を加算して予想する。

(ⅳ)　消費税・法人税の支払予想

　中小企業において、消費税の支払は大きな負担となる。特に期中での中間納付は資金繰りに大きな影響を及ぼす。そのため、回収が少ない月に消費税の中間納付がある場合、借入せざるをえないこともありうるのだ。

　前期の未払消費税額が決算書に記載されているため、期首から2ヶ月後に

その支払を見込む。期中の支払については、前期の確定額に応じて３回など分割納付の回数があらかじめ決められている。そして、当期の消費税予想額と中間納付分との差額がB/Sの未払消費税に計上されるのだ。当期の消費税額を予想するには、経費を課税分と非課税分とに分けて集計していけば、課税の収入と課税の仕入および経費との差額として把握することができる。

　また法人税については、まず前期末のB/Sに計上された未払法人税等が期首から２ヶ月後に支払われる。そして、今期の事業年度開始の日から６ヶ月を経過した日から２ヶ月以内に中間申告を行い、今期法人税の中間申告分の支払を行うことになっている。

　当期の利益予想ができれば、実効税率30％程度を乗じて、当期の法人税および中間納付との差額で未払法人税等を予想することができる。

⑷　経常外収支と財務収支の予想

　以上により、毎月の経常収支の予想を出すことができる。これに設備投資などの経常外収支の予想と借入金の返済を含む財務収支の予想を加え、最後に資金残高を見て、必要に応じて借入金の調達を加えれば、資金繰り全体の予想ができる。

１－７　【事例】資金繰りを用いた対話例

　ここで、資金繰り予想が円滑な事業承継につながった事例を紹介したい。事例企業は当社が銀行と一緒に支援をした地方の食品製造業者であり、月によって売上高が大きく変動するという特徴があった。社長は息子に事業を承継してほしいと思っていたが、会社の資金繰りに日々悩む社長の姿を見ていた息子は消極的であり、社長は今後、会社をどうしていけばいいかと悩んでいた。そこで、当社と銀行が協力して資金繰り予想を作成し、会社の現状と今後の見通しを社長および後継者である息子に考えてもらうことにした。その結果、作成された資金繰り予想表が図表１－７－１である。予想のポイントを以下に記す。

(1) 経常収支の予想

〈売掛金の入金〉

売上の月ごとの変動は前期実績並みと予想し、年間の売上高については、メインの金融機関と協議した結果、前年比110％と予想した。内訳は、販売量の５％アップ、単価の５％アップである。販売量の５％アップは、後継者である息子が中心になって営業活動をすることで達成できると予想し、単価については同業者の製品と比較して、既存取引先との交渉により５％アップ可能と判断した。これにより、当期の月次での売上高が予想できたので、前期から大幅な取引条件の変更がないと考え、月次の回収額を予想した。

〈買掛金の支払〉

まず材料仕入については、前期実績の原価率をベースに販売単価アップ分を加味して原価率を予想した。販売単価が上がることで、原価率は若干の改善となる。実績では製造期間を考慮して販売の約１ヶ月前に仕入れ、支払は売掛金の回収後になるよう支払条件を設定しているため、予想でも同様として支払を予想した。このように、予想にあたっては、事業内容および製造・販売の流れを理解するとともに、取引条件も把握しておくことが大切になる。

〈経費の支払〉

前期実績をベースとし、人件費は若干のアップを予想した。また、売上のアップに応じ水道光熱費などの若干のアップを予想した。

〈消費税・法人税の支払〉

前期のB/Sの未払消費税、法人税を見て、期首から２ヶ月目にその支払を予想。また、前期実績を基準に期中での中間払いを予想した。

ここまでで本業の経常収支の予想が出る。前期実績ではマイナスだったが、今期は年間合計で1,562千円となり、固定費の増加分等を吸収しプラスになることが予想された。この経常収支がプラスでないと借入金の返済もできず、返済のための追加での借入が必要となり、借入金はどんどん膨れてしまう。

図表１－７－１　地方の食品製造業の資金繰り予想表

		1月	2月	3月	4月	5月	6月
	繰越金残高	3,149	10,788	7,337	4,859	6,540	16,199
経常収入	現金売掛金手形回収計	0	0	0	0	0	0
	現金回収	1,143	1,680	1,411	2,473	13,972	2,861
	売掛金回収	2,308	1,927	2,687	2,126	3,647	20,302
	手形回収	0	0	0	0	0	0
	手形割引譲渡	0	0	0	0	0	0
	雑収入	122	122	122	122	122	122
	受取利息・配当金	0	0	0	0	0	0
	その他	0	0	0	0	0	0
	経常収入	3,574	3,729	4,220	4,722	17,742	23,285
変動経常支出	仕入_現金	56	82	69	121	682	140
	仕入_買掛金	479	132	188	159	277	1,556
	仕入_手形	353	353	1,395	385	548	462
	変動経常支出	888	567	1,652	665	1,507	2,158
固定経常支出	人件費	1,171	1,171	1,171	1,500	2,700	1,900
	役員報酬	400	400	400	400	400	400
	賞与	0	0	0	0	0	0
	退職金	0	0	0	0	0	0
	法定福利費	170	170	170	170	170	170
	地代家賃	0	0	0	0	0	0
	リース料	31	31	31	31	31	31
	賃借料	86	86	86	86	86	86
	消耗品費	543	543	543	543	543	543
	修繕費	11	11	11	11	11	11
	水道光熱費	329	329	329	329	329	329
	接待交際費	19	19	19	19	19	19
	広告宣伝費	144	144	144	144	144	144
	販売促進費	186	186	186	186	186	186
	旅費交通費	165	165	165	165	165	165
	その他_課税	802	802	802	802	802	802
	その他_非課税	0	0	0	0	0	0
	保険料	90	90	90	90	90	90
	支払利息	279	279	279	279	279	279
	割引料	0	0	0	0	0	0
	租税公課	372	372	372	372	372	372
	消費税	0	1,383	0	0	0	0
	法人税	0	183	0	0	0	0
	固定経常支出	4,797	6,362	4,797	5,126	6,326	5,526
	経常支出合計	5,685	6,929	6,449	5,791	7,833	7,685
	経常収支	-2,111	-3,201	-2,228	-1,069	9,909	15,600
	固定資産売却	0	0	0	0	0	0
	経常外収入	0	0	0	0	0	0
	固定資産購入	0	0	0	0	0	1,080
	経常外支出	0	0	0	0	0	1,080
	経常外収支	0	0	0	0	0	-1,080
	短期	10,000	0	0	3,000	0	0
	長期	0	0	0	0	0	1,000
	財務収入	10,000	0	0	3,000	0	1,000
	短期	0	0	0	0	0	13,000
	長期	250	250	250	250	250	250
	財務支出	250	250	250	250	250	13,250
	財務収支	9,750	-250	-250	2,750	-250	-12,250
	資金残	10,788	7,337	4,859	6,540	16,199	18,469

7月	8月	9月	10月	11月	12月	合計
18,469	18,990	12,235	9,575	7,072	4,127	
0	0	0	0	0	0	0
1,812	1,293	1,491	1,012	1,028	1,568	31,746
4,862	2,792	1,967	2,224	1,541	1,540	47,924
0	0	0	0	0	0	0
0	0	0	0	0	0	0
122	122	122	122	122	122	1,465
0	0	0	0	0	0	1
0	0	0	0	0	0	0
6,797	4,207	3,581	3,358	2,692	3,230	81,136
88	63	73	49	50	77	1,550
335	205	146	167	114	116	3,875
805	4,528	975	597	425	487	11,312
1,229	4,797	1,194	814	589	679	16,737
1,171	1,171	1,171	1,171	1,171	1,171	16,637
400	400	400	400	400	400	4,800
0	0	0	0	0	0	0
0	0	0	0	0	0	0
170	170	170	170	170	170	2,043
0	0	0	0	0	0	0
31	31	31	31	31	31	375
86	86	86	86	86	86	1,037
543	543	543	543	543	543	6,512
11	11	11	11	11	11	127
329	329	329	329	329	329	3,948
19	19	19	19	19	19	229
144	144	144	144	144	144	1,723
186	186	186	186	186	186	2,228
165	165	165	165	165	165	1,979
802	802	802	802	802	802	9,621
0	0	0	0	0	0	0
90	90	90	90	90	90	1,083
279	279	279	279	279	279	3,346
0	0	0	0	0	0	0
372	372	372	372	372	372	4,464
0	1,027	0	0	0	0	2,409
0	91	0	0	0	0	274
4,797	5,915	4,797	4,797	4,797	4,797	62,836
6,026	10,712	5,991	5,611	5,386	5,476	79,573
771	-6,505	-2,410	-2,253	-2,695	-2,246	1,562
0	0	0	0	0	0	0
0	0	0	0	0	0	0
0	0	0	0	0	0	1,080
0	0	0	0	0	0	1,080
0	0	0	0	0	0	-1,080
0	0	0	0	0	10,000	23,000
0	0	0	0	0	0	1,000
0	0	0	0	0	10,000	24,000
0	0	0	0	0	0	13,000
250	250	250	250	250	250	3,000
250	250	250	250	250	250	16,000
-250	-250	-250	-250	-250	9,750	8,000
18,990	12,235	9,575	7,072	4,127	11,631	

⑵　経常外収支の予想

　設備の更新などで1,000千円ほどの投資を見込んだ。B/Sに計上された固定資産額や現場を見れば、設備の更新費用としてどの程度の金額が必要か予想できる。設備維持にかかる支出をあらかじめ予想することは重要である。製造業であれば毎年一定額の設備の維持更新費用がかかることを念頭に置いておきたい。

⑶　財務収支の予想

　毎年のメイン行からの借入実績をもとに、1月に10,000千円の運転資金の借入、4月に3,000千円の運転資金の借入、6月に設備分として1,000千円の借入、12月に10,000千円の運転資金の借入を見込んだ。

　返済については、毎月の長期借入の返済予定に加え、売掛金の回収が大きい6月に、1月に借りた10,000千円と、4月に借りた3,000千円の返済を見込んだ。

⑷　資金ポジションの確認

　こうして作成した資金繰り予想の資金残を見て、資金残が最低でも固定費の1ヶ月分を下回るようなことがないか確認する。事例企業の場合、4月と12月で資金が僅少となったため、それにあわせて借入を織り込んだ。メイン行もこれを了承し、経営者は事前に借入の目途が立ったことで、安心して経営に専念できるようになった。このように、企業と銀行が資金繰り予想を共有することは、双方にとってメリットが大きい。

⑸　経営者のやる気を引き出す

　資金繰り予想を銀行と企業が共有することで、適切なタイミングで融資することが可能となり、社長は安心して経営に専念できるようになる。また、その後も銀行が資金繰りの実績をフォローし、予想と乖離する場合は何をしなければならないかを企業と一緒になって考え、知恵を出していくことが可能となる。

　何をすべきかが明確になることで、経営者のモチベーションは大きく上がる。事例企業の後継者の息子は、それまで社長に不満を言うだけだったが、資金繰り予想を作成していくなかで、メイン行の銀行員の前で自ら「この数

字をやり遂げる」と宣言した。そして、得意先ごとにどのように営業していくかなど自らの考えを詳しく披露した。

第一に、先代から付き合いのある取引先であっても、販売単価の折り合いがつかず、配送効率から見ても不採算であれば取引をやめる。第二に、自分が開拓した得意先へ新たに提案を行って販売量を増やしていく。第三に、販売単価5％アップのために商品の洗い出しを行い、単価アップできる商品を選定する、ということだった。

資金繰り予想をもとに話をしていくなかで、社長からは「なんとなく頭がスッキリして、目の前が明るくなった」という発言があり、これまでのことを反省し、涙ぐんで息子に謝る場面もあった。後継者の息子も、「銀行も融資などで一緒に支援してくれれば、自分も頑張って会社をなんとかしたい」と前向きになったのだ。

1－8　企業経営における資金繰り把握の効用

⑴　経営者の意識改革

自社の資金繰りが見えていない経営者ほど、運任せの無謀な設備投資、同業者や下請けへの貸付金などで資金を流出させてしまいがちだ。会社の経理担当者では経営者の行動を止めることができない。しかし、経営者が仕入先への支払や銀行への返済などで自社の資金繰りがどうなるのかを意識できるようになると、不透明な資金流出は間違いなく減る。「会社に余裕があるから少しくらいいいだろう」という気持ちがなくなるのだ。

決算や試算表で利益が出ていると経営者は気が大きくなってしまいがちだが、借入金があれば、黒字であったとしても資金繰りに余裕があるはずはない。無借金で利益が億円単位で出ている企業であれば別だが、ほとんどの中小企業はそうではないはずだ。詳しくは後述するが、経営者が決算書の利益を見て「儲かっている」と勘違いしているだけで、企業の実際の資金繰りは12ヶ月間、月ごとに凸凹があり、多少の利益では資金繰りに余裕など絶対に出ないものなのだ。

⑵ 不正予防に活用

中小企業では人材不足もあり、経理業務を1人に任せ、社長も売上以外の数字をあまり見ないことがよくある。こういった企業では、税理士が入っていたとしても、経理担当者が不正を行いやすい。私が公庫在籍時に、経理の不正があったと取引先から報告を受けたことは一度や二度ではない。しっかりした税理士が入っている老舗の優良企業でもこういったことは起きていた。

私が見たケースでは、現金、建設仮勘定、立替金、架空の仕入先、さらにはソフトウェア勘定などを使って経理担当者が横領していた。しかし、経営者が資金繰り表で毎月の自社のお金の流れをつかんでいれば、経理の不正は起きなかったはずだ。そう考えると、経営者が自社のお金の流れをチェックするメリットは、想像するよりはるかに大きい。

社内では真面目で通っているベテランの経理担当者が不正に手を染めてしまうのは、経営者が自社のお金の管理を経理に「丸投げ」して放置し、自らの責任を放棄したことが原因なのだ。

⑶ 経営管理の強化

資金は企業活動の生命線であり、資金不足は絶対に避けなければならない。経営者は月末の資金繰りをなんとか乗り切ると、「喉元過ぎれば熱さを忘れ」てしまうことも多いが、実は資金繰りの厳しさの背後には企業が取り組むべき経営課題が潜んでいる。たしかに、過去の資金繰りばかり見ていてもあまり意味はないが、それを次に活かすことが重要なのだ。

既述のとおり、赤字だから資金不足になるわけではなく、年度ごとの決算が黒字であっても、期中12ヶ月間では仕入支払や消費税の納付、借入金の返済などで資金不足になるタイミングは多くある。この回収と支払のズレを正しく認識し、過去の経験を踏まえて今後の見通しを立て、資金不足が生じないように先手を打つことが資金繰りの肝である。そして、中長期的に企業の資金繰り体質を変えていくことが大切になる。

企業の資金繰り体質はB/Sに表れる。私も銀行員時代は気づかなかったが、特に売上志向の企業は、売上重視で回収がおろそかになることや、在庫を過

剰に抱えることから、あっという間に借入金が過多となってしまう。経営者は借入金が増えても売上が伸びて多少でも利益が出ていると安心してしまうが、実際には会社は金融機関からの融資を絶たれるといつつぶれてもおかしくない状況になってしまうのだ。

　これを防ぐためには、資金繰り表を作成して売掛金や在庫の管理を徹底し、最終的にB/Sを悪化させないようにする必要がある。「資金」を中心に企業活動全体を考えれば、P/LだけでなくB/Sにまで考えが及ぶようになる。資金繰りと経営管理は表裏一体であり、資金繰りを見ていくことは、間違いなく経営管理力のアップにつながる。

　なお、預金残高が積み上がっている企業では、経営者は当面の借入金の返済に不安はないと考え、資金繰り見通しまで立てる必要性を感じないかもしれない。しかし、どんな企業でも経営者は決算着地までの「資金」がどう推移するのか確認し、今後返済が進んでいった際にどの程度預金が残るのかなどを頭に入れておかなくてはならない。そうでないと、実際に企業にお金を残すことなど絶対にできない。

第2章
資金繰り予想システムICAROS-V

2-1 資金繰り予想システム開発の動機

(1) 取引先企業に資金繰り表をつくらせるだけでいいのか

　銀行ではこれまで、資金繰り表は融資先企業に依頼して作成してもらうことが当たり前であった。私のいた公庫でも同様で、融資にあたって資金繰りの確認が必要となる低格付先には、企業が普段から資金繰り表を作成していようがいまいが、一方的に「融資の稟議に必要となるので資金繰り表をつくってください」と言っていた。

　当然、企業なら簡単に自社の資金繰り見通しを立てられると考えていた。しかし、実際に企業がつくる実績の資金繰り表は集計ミスがあり、資金繰り予想についてはヒアリングした内容と乖離があり、根拠に乏しいものが多かった。そのような資料の提出を受けた自分は、企業に対して間違いを指摘して満足していた。

　銀行の担当者は明らかに不整合な点がなければ、企業から提出される資金繰り表の数字を正しいものとして受け入れてしまいがちだ。稟議書を回覧する上席はもっと情報が少ないため、数字の根拠は部下が確認していると思ってしまう。そうなると、銀行内で予想数字の根拠をチェックする者はどこにもいない。これが新型コロナウイルス関連融資の返済が本格化しているなかで、粉飾決算の発見が遅れる要因にもなっていると考えられる。

　ただ、取引条件や売上予想等について確度の高い情報がないなかで、資金繰り表に記された売掛金の回収予想や買掛金の支払予想などが正しいかどうかをどのようにチェックすればいいのだろうか。限られた情報をもとに銀行自身が取引先企業の資金繰り表を作成し、それと企業から提出された資金繰

り表とを突き合わせることが考えられる。しかし、そんなことが本当に可能なのだろうか。

(2) 公庫業務での気づき

公庫の審査セクションにいた時、企業内部に深く入り込んで過去の資金繰りを紐解いて数値化し、経営者と一緒に資金繰り予想を立てたことがあった。この仕事を通じて、資金繰り予想は非常に手間のかかる作業であることがわかった。特に取引先ごとに回収条件と支払条件を調査し、集計するのは大変だった。慣れれば多少コツがつかめるものの、実態を踏まえた予想を作成するためには、企業とのやりとりや資料の整備などで最低1週間は必要であった。

ただ、この資金繰り予想をフィードバックしたところ、経営者からは非常に感謝された。多くの経営者と同様、この経営者もなんとなくしか資金の見通しを立てておらず、また、資金繰りに反映される事業活動の課題に気づいていなかった。今後の成長をどう考えているのか、何に取り組むべきかなど、これまでとはまったく違うレベルで経営者と深い話ができ、資金繰り予想の作成が企業経営にとっても重要な示唆になると感じた。

そして、これまでとは逆に「銀行から」資金繰り予想を提供することが有効だという思いをもつようになった。銀行から資金繰りの年間予想を出せれば、資金ショートの時期を示せるだけでなく、固定費削減など経営改善の必要性も指摘できる。多くの企業は年間の資金繰り計画を立てられていないので、これを銀行から示し、借入の提案はもとより経営支援に活用していくことができると強く感じた。

また、審査の視点からも、ある程度の確度をもった年間の資金繰り予想が手元にあれば、借入の申込みがあった際に、なぜこの時期に借入が必要になるのかを理解することができる。逆に不要な時期に借入の申込みがあれば、簿外債務の可能性などにも気づくことができるはずだと考えた。

(3) 資金繰りの「予想」を出す厚い壁

会計ソフトにおいては、売上の発生と入金のタイミングを取引先ごとに設定することで入金の予想などが可能となる。しかし、このアプローチによる

と、特に回収条件については取引先ごとに異なるため、売上から回収額を算出するには取引先ごとに売上や回収額を集計する必要がある。手形取引のある先については、その手形期日まで押さえておかなければならない。

支払条件は、当該企業が決めるのでほぼ一定となるが、過去に様々な交渉経緯があり、個別に条件を変えている先もあるため、やはり確認は必要となる。たとえば、当該企業の支払条件は末締め翌月末払いが基準だったとしても、外注先のＣ社には過去の経緯から他社よりも早い条件で支払うことに合意していたり、大手の材料仕入先Ｎ社には先方の都合で20日締めの翌月20日払いになっていたりする。

このように、正確な資金繰り予想を立てるためには、回収条件と支払条件を取引先ごとに明確にすることが必要で、取引先が変われば当然その条件も変わってくるため、当該企業に対して定期的に確認する必要性も出てくる。こういった手間がかかることが、銀行員が資金繰り表を作成できない理由にもなっている。

このため、まったく異なるアプローチで資金繰り予想システムの開発に取り組むことにした。すなわち、取引先ごとに異なる取引条件を適用して毎月の回収額と支払額を推定するのではなく、取引先すべての取引条件の平均値として毎月の回収額と支払額を推定するというアプローチである。

もっとも、公庫の上司や先輩、友人の税理士や公認会計士などに相談したところ、全員が否定的であった。「企業のお金の出入りは複雑で、一定の法則など存在しない。先進的なクラウド会計ソフトで一つひとつの現預金の仕訳に機械学習のアプローチを適用しても、資金繰り予想を出すことは困難」という話だった。

たしかに、日々の入出金の特徴から資金繰り予想を出そうとすると、1ヶ月を集計しただけで迷路に迷い込んでしまう。しかし、私自身は公庫や多くの企業のなかに入って資金繰り表をつくった経験から、小さな入出金に目をやるのではなく、まずは大局で企業の資金繰りの「体質」をとらえることが重要になると感じていた。つまり、これは12ヶ月間の回収と支払の「波」をとらえることだった。

資金繰り予想システム開発にあたって、もう1つの難点は、月次の試算表がなくても月次の回収額と支払額を出す必要があることだった。銀行では毎月の試算表を全取引先から徴求することは現実的ではない。一般的にインプットするデータとしては考えられるのは、税務上の決算書類から入手できる決算データだけだ。月商は決算書の添付書類である法人事業概要説明書から入手可能だが、ここから期中における月次の回収額と支払額をどのように推定するかが問題だった。

2－2　システムの予想ロジックと機能

⑴　月次資金繰り表の自動作成

試行錯誤の末、完成したのがICAROS-Vである。そこでは「決算データ2期分＋月商データ」から、期中の月次P/L予想、月次B/S予想、月次資金繰り予想が一体として算出される。銀行員にとって手元にあるデータのみで来期予想の資金繰り表を作成できることは大きなメリットといえる。そのロジックの概要は次のとおりである。

ICAROS-Vでは、決算書から判明する期首・期末の売掛金残高、受取金残高、前受金残高、および法人事業概要説明書から判明する月商と矛盾しない回収条件、並びに回収に占める現金と手形の割合および手形期間を推定して、月次の回収額および売掛金残高を自動計算する。その結果が図表2－2－1の売掛金手形推移表である。

月次の仕入額および買掛金残高についても、基本的な考え方は売掛金と同様だが、考慮しなければならない点がある。それは、在庫（材料・仕掛品・製品）についてである。生産活動においては、材料を仕入れると材料在庫となり、生産に投入され完成するまでは仕掛品となる。そして製品として完成し、出荷されると売上になる。売上が立つと同時に仕入が発生すると誤解しがちだが、そうではないのだ。

ICAROS-Vでは、まず、月商および期首・期末の在庫残高から当該企業の在庫のもち方の特徴をシステムでとらえて期中12ヶ月間の月次の在庫残高を自動計算する。その結果が、図表2－2－2の在庫推移表である。

図表2-2-1　売掛金手形推移表

	12月	1月	2月	3月	4月
前受金（月初残）					
売掛金（月初残）	21,042	23,217	22,126	22,197	21,672
手形（月初残）	25,841	30,103	35,473	40,286	45,136
割引譲渡手形（月初残）	17,028	12,771	8,514	4,257	0
売掛金_現金回収	10,120	11,166	10,641	10,675	10,423
売掛金_手形回収	10,722	11,830	11,274	11,310	11,043
売掛金回収合計	**20,841**	**22,996**	**21,915**	**21,985**	**21,465**
手形割引譲渡_実行	0	0	0	0	0
手形割引譲渡_期日	4,257	4,257	4,257	4,257	0
手形期日決済	6,460	6,460	6,460	6,460	10,722
売上発生（税込み）	**25,574**	**24,339**	**24,429**	**23,845**	**23,800**
前受金解消					
売上現金回収	2,557	2,434	2,443	2,384	2,380
売掛金発生	23,016	21,905	21,986	21,460	21,420
前受金発生					
現金回収合計	**19,137**	**20,060**	**19,544**	**19,520**	**23,524**
売掛金回収率	0	0	0	0	0
前受金（月末残）					
売掛金（月末残）	23,217	22,126	22,197	21,672	21,627
手形（月末残）	30,103	35,473	40,286	45,136	45,457
割引譲渡手形（月末残）	12,771	8,514	4,257	0	0

（「現金回収合計」の行の左に「入金合計額」、「前受金（月末残）」から下の行の左に「売掛金残高」の注記）

　次に直近決算期のP/Lから原価率を算出し、これと月商から月次の原価を算定する。月次の原価と月次の在庫残高から月次の仕入額が計算できる。そして、期首・期末の買掛金残高、支払手形残高、前受金残高、および月次の仕入高と矛盾しない支払条件、並びに支払に占める現金と手形の割合、および手形期間を推定して、月次の買掛金残高を自動計算する。その結果が、図表2-2-3の買掛金手形推移表である。

　ICAROS-Vでは、このように売掛金、買掛金、在庫（材料・仕掛品・製品）それぞれの残高が期中12ヶ月間算出され、月次の「P/L」「B/S」「資金繰り」

5月	6月	7月	8月	9月	10月	11月	合計
21,627	21,242	21,905	21,609	21,303	21,401	21,503	
45,457	44,647	44,197	44,048	44,016	43,851	43,932	
0	0	0	0	0	0	0	
10,401	10,216	10,535	10,392	10,245	10,292	10,341	125,446
11,020	10,824	11,162	11,011	10,855	10,905	10,957	132,911
21,420	21,040	21,697	21,403	21,100	21,197	21,298	258,357
0	0	0	0	0	0	0	0
0	0	0	0	0	0	0	17,028
11,830	11,274	11,310	11,043	11,020	10,824	11,162	115,026
23,373	24,114	23,778	23,441	23,553	23,665	23,675	287,587
2,337	2,411	2,378	2,344	2,355	2,367	2,368	28,759
21,036	21,703	21,400	21,097	21,198	21,299	21,308	258,828
24,568	23,902	24,223	23,779	23,620	23,483	23,871	269,231
0	0	0	0	0	0	0	
21,242	21,905	21,609	21,303	21,401	21,503	21,513	
44,647	44,197	44,048	44,016	43,851	43,932	43,726	
0	0	0	0	0	0	0	

の予想を一体として作成することが可能となる。約３年の月日を要したが、最終的には公認会計士も認める精度の高さを得た。

(2) 資金繰り予想への展開

　このように、実績期の月次P/L、月次B/Sそして資金繰り表を推定し、それをもとに予想を展開した。予想では、月別の売上高予想、原価率予想、在庫高予想、固定費予想などがポイントになり、システムがそれぞれの予想を企業ごとに自動で算出する。これを成行予想と呼んでいる。

　成行きの売上予想は、銀行員にとって馴染みのある「業界平均の見通し」

図表2-2-2　在庫推移表

		12月	1月	2月	3月	4月
原材料	期首棚卸高	0	0	0	0	0
	材料仕入高	4,936	6,243	5,400	6,010	4,900
	期末棚卸高	**0**	**0**	**0**	**0**	**0**
	原材料費	4,936	6,243	5,400	6,010	4,900
仕掛品	期首棚卸高	2,022	2,653	3,734	3,242	3,636
	当月投入	6,701	8,481	7,845	8,332	7,208
	期末棚卸高	**2,653**	**3,734**	**3,242**	**3,636**	**2,882**
	当月完成	6,070	7,400	8,337	7,938	7,962
製品	期首棚卸高	4,315	4,708	5,341	5,080	5,336
	当月完成	6,070	7,400	8,337	7,938	7,962
	期末棚卸高	**4,708**	**5,341**	**5,080**	**5,336**	**4,926**
	当月販売	5,676	6,767	8,598	7,682	8,371

に基づいて推定することにした。「業界平均」としては、日本銀行や経済産業省などから毎月公表されるデータ、および公庫の業種別D.I.などとともに、信用調査会社やTKCが業種別に毎月公表している実績データ等も活用している。

　このため、銀行に当該企業の決算データが登録されると、ほぼ自動的に来期の業界平均の見通しを踏まえた資金繰り予想がつくられる仕組みになっている。銀行員であれば、様々なデータを調べて予想に反映することも、時間をかければできるかもしれないが、毎月のデータの変動を調べることは手間のかかる作業である。公表データを毎月自動で更新して提供できるのがクラウドサービスのよい点といえる。

　原価については、近年、材木関係で原価率が大幅に悪化したことや（ウッドショック）、鉄鋼業での急激な価格アップなど各業界の最新のトレンドを常に反映している。在庫については、公的な在庫指数データを中心として最新の業種別データを反映している。固定費についても、昨年の光熱費の急激な上昇や、海外への海運輸送費がコロナ禍の時期と比較して落ち着いている

（単位：千円）

5月	6月	7月	8月	9月	10月	11月
0	0	0	0	0	0	0
4,848	5,040	6,491	7,057	3,905	5,687	3,885
0	0	0	0	0	0	0
4,848	5,040	6,491	7,057	3,905	5,687	3,885
2,882	2,758	2,910	4,021	4,591	2,316	3,371
6,862	7,070	8,795	9,822	6,329	7,573	5,953
2,758	2,910	4,021	4,591	2,316	3,371	2,207
6,985	6,918	7,683	9,253	8,604	6,518	7,118
4,926	4,887	4,996	5,650	5,997	4,711	5,362
6,985	6,918	7,683	9,253	8,604	6,518	7,118
4,887	4,996	5,650	5,997	4,711	5,362	4,709
7,025	6,809	7,029	8,905	9,890	5,868	7,770

ことなど最新のトレンドを常に反映している。

　銀行員にとっては、成行予想を見ることで、決算に影響の出る業種ごとのトレンドを簡単に把握することができる。実際に資金繰り予想を作成する際には、成行予想をもとに取引先企業の経営者にヒアリングし、当該企業に特有の事情があれば、適宜、成行予想にパラメータを設定し修正すればよいというものになる。

　ICAROS-Vではさらに、消費税の中間納付まで自動で計算する。多くの銀行員は消費税についての知識が乏しいが、この消費税額から粉飾発見につなげることも可能だ。この点については、第4章で詳しく述べる。

⑶　ICAROS-Vの機能

　システム開発にあたって最も重要視したことは、銀行員がシステムを使うことで企業活動の「現場」を体感、意識できるようにすることだった。銀行員が月次の数字を見て、「一人ひとりの従業員とお客さんがどう行動しているのか」をイメージできるようになることが、我々のシステムの価値だと考えている。

図表２－２－３　買掛金手形推移表

		12月	1月	2月	3月	4月
	前払金（月初残）		0	0	0	0
	買掛金（月初残）	28,374	28,915	29,077	28,907	28,932
	手形（月初残）		0	0	0	0
	買掛金_現金支払	15,097	15,385	15,471	15,381	15,393
	買掛金_手形支払	0	0	0	0	0
	買掛金支払合計	15,097	15,385	15,471	15,381	15,393
	手形期日決済	0	0	0	0	0
	仕入発生（税込み）	15,638	15,547	15,301	15,405	15,351
	前払金解消	0	0	0	0	0
	仕入現金支払	0	0	0	0	0
	買掛金発生	15,638	15,547	15,301	15,405	15,351
	前払金発生					
支払合計額	**現金支払合計**	15,097	15,385	15,471	15,381	15,393
	買掛金支払率	0	0	0	0	0
	前払金（月末残）	0	0	0	0	0
買掛金残高	買掛金（月末残）	28,915	29,077	28,907	28,932	28,889
	手形（月末残）	0	0	0	0	0

　企業の財務を１年間の決算書で見るより、12ヶ月の資金繰りで見るほうが企業のドラマが感じられるはずだ。それに加えて、ICAROS-Vは、将来の資金繰りを見える化したうえで、銀行員が企業の課題を考え仮説を立て、経営者との対話につなげるための工夫を備えている。ここではICAROS-Vの主な機能を５つ紹介する。

(i)　**借入サジェスト機能**

　資金繰りの予想が出ることで、「いつ、いくら借りる」必要があるか見えるようになる。これがICAROS-Vの借入サジェストという機能だ。企業の安定資金ポジションを計算し、借入が必要となる時期と金額を自動で提案する。これにより、決算書を受領後、すぐに今期の借入が必要となる時期と金額を企業に提示することが可能となり、他行に先駆けた融資の提案ができる。

5月	6月	7月	8月	9月	10月	11月	合計
0	0	0	0	0	0	0	
28,889	28,893	28,790	28,714	28,725	29,235	29,489	
0	0	0	0	0	0	0	
15,371	15,373	15,318	15,277	15,283	15,555	15,690	184,593
0	0	0	0	0	0	0	0
15,371	15,373	15,318	15,277	15,283	15,555	15,690	184,593
0	0	0	0	0	0	0	0
15,375	15,270	15,242	15,289	15,794	15,809	16,047	186,066
0	0	0	0	0	0	0	0
0	0	0	0	0	0	0	0
15,375	15,270	15,242	15,289	15,794	15,809	16,047	186,066
							0
15,371	15,373	15,318	15,277	15,283	15,555	15,690	184,593
0	0	0	0	0	0	0	
0	0	0	0	0	0	0	
28,893	28,790	28,714	28,725	29,235	29,489	29,846	
0	0	0	0	0	0	0	

　また、この借入サジェスト機能は、審査の視点も提供してくれる。自動の成行予想でなく、経営者へのヒアリングに基づく現実的な売上見通しを踏まえた（売上等の予想数値の設定は可能）借入サジェスト金額は、その企業がおおむね今期１年間で必要な運転資金の金額になる。したがって、この「年間必要資金額」を上回る借入の申込みがあった場合は、なんらかの異常事態があったと推定できる。

　たとえば、年間必要資金が80百万円の企業が、１年間で80百万円調達したあと、さらに50百万円の追加申込みをした場合、ほかに合理的な理由がなければ簿外債務の可能性も考えられる。もちろん、どうしても在庫を追加でもつ必要が出てきた、新しい商材の海外からの仕入の前払いが生じたなど、その理由と金額が明確であればよい。足もとの試算表も確認し、経営者にヒアリングをしながら、追加融資が必要となった理由を特定する必要がある。

(ii)　**経常収支の累積ボトム**

　詳しくは第6章で解説するが、企業の経常収支には月ごとに波があり、決算書から計算できる年間を通じた経常運転資金額と企業が実際に必要とする運転資金額との間には相違がある。ICAROS-Vでは、経常収支の累積額が月次で自動的に出るため、資金繰りから見た今期の必要運転資金を確認することができる。なお、実際に融資の検討にあたっては、これに加えて借入金の返済という財務支出も加味する必要がある。そして、この経常収支の累積ボトムは短期継続融資の枠を見直す際の基準にもなる。

　また、銀行のモニタリング支援において重要なのは、企業の年間の資金繰り体質を明らかにして、少しでも運転資金額（経常収支の累積ボトム額）を減らす取組みを一緒に考えることである。なぜこの額の借入が必要なのか、経営者も自社の財務体質と資金繰りまで理解できていないことが多いので、経常収支の累積ボトム額を示す資料をもとに経営者と財務・資金繰りの体質改善に向けた話合いができる。

(iii)　**B/Sシミュレーション**

　ICAROS-Vには今期の予想B/Sとともに、B/Sを図解してシミュレーションできる機能があり、そこで将来のB/Sまで経営者と一緒に考えていくことができる。預金はいくら残るか、借入金は増加するか等を共有することで、経営者に対してB/Sへの理解を促しつつ、売掛金や在庫といった科目の管理を推進し、資金繰りの改善につなげていく。B/Sの重要性は銀行員が誰よりも理解しているはずであり、このB/S予想をもとに改善支援が可能となる。

(iv)　**改善のパラメータ設定**

　ICAROS-Vでは、自動で出る成行予想とは別に、実態の売上見通し等をヒアリングし、それを反映した実態見通しを作成できる。さらには、経営者と話し合って、目標の売上や利益といったP/Lの数値と、売掛金や在庫などのB/Sの目標を設定した予想を作成でき、これらがすべて連動した資金繰りの予想が出る。これは月次の数値のため、P/L計画、B/S計画、資金繰り計画として、毎月のモニタリングに活用していくこともできる。

⒱　事業構創マップ

　事業構創マップとは、銀行員が企業活動と数字をリンクさせることができるよう、営業や生産など企業活動全体の状況を一覧できるように記載したツールである。あらかじめ業種ごとにヒアリングのポイントとなる項目が記載されているので、対話を通じて経営者と一緒に事業構造を新たに創造していくことができるという意味で、事業「構創」マップと呼んでいる。

　新人行員であっても、これを参考にして重要なポイントを見落とすことなく経営者にヒアリングし、収益力や資金繰りの背景や根拠を明らかにしていくことができる。また、自分で各項目のブランチ（枝）を追加し、ヒアリングした内容を書き込める。これを見ながら経営者と一緒に経営課題を掘り起こし、改善に向けた取組み策や目標数値の設定につなげていくことができる。具体的な活用方法については、事例を含めて第7章で詳述する。

資金繰り表活用の失敗事例

　ある銀行では、経営者との対話における資金繰りの重要性に気づき、行員一人ひとりが時間をとってExcelで取引先の資金繰り予想を作成しようと本部が声かけし、目標件数を各人に振り分けた。

　しかし、日常業務に追われている営業現場の行員が慣れないExcelで作業するのは大変なことで、仕組みとして定着させることができなかった。銀行員であれば簡単に資金繰り表を作成できるという本部の思い込みが、結果的に現場の混乱を招いてしまった。当社にはそれを研修でカバーしてほしいという依頼があった。

　どのように資金繰り表を作成し、それを使ってどのように経営者と対話すれば効果があがるのかを示さないまま資金繰り表の作成を命じても、現場の行員は動けない。経営者との対話のためには、月次の資金繰りに加えて、月次のP/LやB/Sまで一緒に考えることが必要である。

　岩手銀行は、取引先の将来必要となる資金需要を発掘し、融資に結びつけている。活用するのは、竹橋経営コンサルティング（東京都）の資金繰り予想クラウドサービス「ICAROS-V」。正確な資金繰り表を作っていない企業の経営者から好評だ。

　同サービスは、2期分の決算数値から資金繰り予想を自動作成するもの。63業種に対応し、景気動向指数や業界トレンドなどの外的要因を踏まえ、財務体質や価格交渉力などに基づいて予測。経営者との対話から経営改善策を聞き出し、改善予想を反映させた資金繰り表を作ることもできる。

　同行全体では、年間約2,000社のデータを登録。取引先に分析結果の一部をフィードバックしている。青森県の八戸営業部（松本光司部長）は、新規融資提案先を含め担当する取引先全てを登録するように徹底する。

　同部融資・渉外グループの北田香菜美さんは「ある月に3,000万円が必要になると、具体的な時期と必要金額が分かる。資料を基になぜ必要になるかを説明し、経営者に納得してもらい、融資に結びついた」という。同グループの畠山拓斗さんは「1億円を急に返済したいという取引先に対し、1億円返済した場合、半分を返済した場合、返済しなかった場合の財務面の状況をシミュレーションして提案。資金が足りなくなる危険性をデータに基づいて説明した」と、未来の資金需要を正確に予測できるため、経営者からの信頼感が高まっている。

　資金繰りが安定している企業には、資産運用や余裕資金を活用した設備投資など、融資以外にも活用。さらに、リスク管理の観点から融資の必要がない時期に融資依頼があった場合、なぜ資金が必要なのかを確認するきっかけにもなる。

　地域貢献部の井上正樹・本業支援コーディネーター営業推進役は「取

引先の資金繰りを正確に予測することで融資業務の効率化と生産性向上が図られる。また、取引先の財務改善になり、他金融機関との差別化にもつながるだけに、有効に活用するよう全店に指導している」という。

（2023年9月15日付日本金融新聞）

第 2 部

融資業務の未来

我々は、資金繰りを「守り」と「攻め」の2つに分けている。守りの「資金繰り」は、受け身で足りないお金をなんとか手当するものである。これに対し、攻めの「資金組み（Cash Flow Structuring)」は、お金が足りなくなることがないように能動的に管理し、先手を打って行動に移していくものである。「資金組み」のためには経営を「要素分解」し、先の見通しを「数値化」する必要がある。これこそが銀行がやるべき資金繰り支援ではないだろうか。

　「資金組み」は、B/Sを変えていくことにつながる。日々の入出金の積み重ねが、その企業のB/Sの各科目の残高になるからだ。不要な資産を現金化することや、従業員を巻き込みながら売掛金や在庫を適正な水準にしていくこと、そして、借入金額をコントロールすることこそが、資金繰りを適正なものとしていく努力（「資金組み」）になる。その結果、永続的に事業を遂行しうる企業となることができるのだ。

　多くの成功例や失敗例を見てきた銀行だからこそ、企業の成長に必要な資金を適切に組んでいく（Structuring）ことができるはずだ。そこで、第2部では取引先企業の資金繰りを見ていくことが銀行の審査業務の改善、さらには銀行の新たなビジネスモデルの開拓につながることを示したい。まず、取引先企業の事業性評価（第3章）や粉飾の発見（第4章）に、資金繰りの把握が有用であることを確認する。続いて、資金繰りを活用した与信管理（モニタリング）の手法を紹介するとともに（第5章）、資金繰りの動態的な把握が借入規模の適正化のみならず、機動的な融資につながることを示す（第6章）。最後に、資金繰りを起点とした財務改善が審査業務にとどまらず、取引先企業へのコンサルティングという新たなビジネスモデルになりうるという提言を行いたい（第7章）。

第**3**章
事業性評価は中小企業の救世主か

3−1　事業性評価の限界

　事業性評価とは、主に企業の商流を明らかにして、付加価値の源泉を明確にするアプローチだ。販売先や仕入先などを明らかにし、自社の製品の価値や顧客への提供価値などに目を向け企業活動を理解する。こういった取組みは銀行の中小企業融資において不可欠といえる。

　決算という結果だけでは、企業がこの先どうなっていくかはわからない。ある程度、過去の延長線上に企業をイメージすることはできるはずだが、それを明確にする必要があり、そこに事業性評価を活用できる。

　しかし、そのためには財務数値から事業活動を想像できなければならない。私も公庫にいた時は、財務数値と企業活動を結びつけて理解するように教わってきた。ただ、実際に企業のなかに入った経験がないと、それは難しいのも現実だ。

　また、銀行では事業性評価といっても、それが「内部資料止まり」になっている点が問題だ。銀行から経営者にしっかりフィードバックできるものでないと、自己満足で終わってしまう。

　そこで、本章では事業性評価を補完するものとして、財務数値と事業活動を結びつけ、企業の経営課題を掘り起こして、経営者にとっても役に立つアドバイスができるようになるための、いくつかの切り口を解説したい。

3−2　期中12ヶ月というドラマ

　1年間の企業活動では、人知れず様々なドラマが生まれている。どの企業も、一本調子で成長しているわけではない。1年間、つまり12ヶ月間のドラ

マの結果として決算書ができあがっている。企業の売上や利益は、12ヶ月間毎月平均して出ているのではなく、上期が好調な企業もあれば、最後の3ヶ月間で1年分の利益を稼ぐ企業もある。銀行が企業を見るにあたっては、この12ヶ月間の「波」を見ることを忘れてはならない。

　というのも、この波が月々の資金繰り、つまり企業経営を難しいものにしているからだ。企業の資金繰りには12ヶ月間の凸凹があって、できる経営者は自社の1年間の資金繰りを頭に入れ、少しでも毎月の資金繰りの凸凹を改善するべく売上対策や在庫対策などを考えている。つまり、常に資金繰りを「気にしている」のだ。

　これを私は「資金繰りに正対する」と表現している。経営者は自社の資金繰りから目を背けてはならない。銀行が「経営者は資金繰りが気になっては本業に専念できない。資金繰りを気にしなくてすむように、融資で資金を手当してあげる」というのは、それだけを聞くと間違った認識になってしまわないかと危惧している。本来は、経営者が資金繰りに「正対できるように」促すことが融資を扱う銀行の使命のはずなのだ。

　そうでないと、企業は適切に成長できず、売上を伸ばしてもいつまでたっても資金繰りに苦労することになる。これは企業のなかに入ったからこそ確信をもっていえる。多くの優れた経営者と話してきた経験からも、資金繰りを見ないで経営することなどありえない。

　決算書は集計された結果なので、決算書だけではそのドラマは見えてこない。事業性評価においてまず重要になるのは、この「期中12ヶ月の動き」を見ることだ。ローカルベンチマークの書式にも期中12ヶ月の資金繰りの動きを示す記載がないため、銀行側でこれを補っていく必要がある。

経営者は資金繰りに正対することが重要

3-3　短期継続融資は真の解決策か

　企業の期中12ヶ月間の資金繰りには凸凹があるという認識から、短期継続

融資についても再考の必要があると考えている。短期継続融資とは、企業の経常運転資金については短期融資の継続的な借換えで賄い、実質的に返済不要にするという考え方である。経常的に資金不足が発生する企業に対し、短期継続融資を積極的に推進する銀行も多い。

しかし、「（適正な）経常運転資金の額」について返済を求めないというのは、はたして資金繰りに悩む企業にとって真の解決策になるのだろうか。次の３点から再考が必要である。

第一に、経常運転資金分の借入金を返済しないというのは、そもそも企業に利益が出ていないことを想定しているのではないだろうか。本来、経常運転資金は返済期限のある借入金ではなく、自己資金で手当するのが筋である。今は自己資本が不足しているとしても、利益（現預金）を蓄積して、将来は自己資本で経常運転資金を手当できるようになることが財務的には望ましい。企業に対して安易に短期継続融資を出すことは、こうした企業の努力を不要にしてしまう。

第二に、ここでいう「経常運転資金」とは何を指しているのだろうか。通常、「経常運転資金」は企業の決算時点のB/Sで判定（売上債権＋在庫－仕入債務）するが、売掛金や在庫などは期中では大きく変動しているのが一般的だ。在庫がさばけて売上になった時期を決算月にしている企業も多い。この決算時点で企業の必要運転資金を決め、短期継続融資の枠を設定するのは正しいのだろうか。

なお、この経常運転資金の額を「正常」にするために、売掛金や在庫を数字上精査して正常なもの以外を落とす運用をしている銀行もあるが、これも期中12ヶ月を見てピークとなるタイミングまでは考慮できていない。また、在庫を精査して「正常」にすることは、多くの点から困難である。在庫が水増しされていたとすると、過剰な枠の設定となってしまうが、在庫を正しく判定することは正直、銀行では難しい。外部の評価機関を入れてまで在庫評価をすべきかについては議論が分かれる。

詳しくは第６章で解説するが、当社はこの経常運転資金について「経常収支の累積ボトム」という見方を銀行にお伝えしている。これは、期中12ヶ月

間の資金繰りとB/Sの関係を見える化し、12ヶ月間の経常収支の累積額がボトムになる時期の金額をもって経常運転資金とするものである。これは決算書だけ見ていてはわからず、期中の資金繰りにまで目を向けてはじめて判明するものである。

　第三に、第一の点の結果として、短期継続融資にすると、いつまでたっても借入依存体質のままとなって、財務体質の改善につながらない。そもそも資金繰りが苦しくなるというのは、毎月の本業の回収と支払の差である「経常収支」に凸凹があることや、経常収支が少なく、「財務収支」とのバランスがあっていないことが問題である。ところが、返済しなくていい借入となると、企業は現状維持が最も楽なので、本来やるべき様々な改善への取組みを怠ってしまいがちだ。例をあげれば、販売先や仕入先といった取引先の見直しは進まず、資金繰りも改善していかない。本来、銀行には運転資金の融資にあわせて、こういった改善を促す役割があるはずだ。

3−4　【事例】資金繰りは楽に繰り回せることがよいとは限らない

(1)　資金繰りに甘い経営で借入金が累積

　ここで資金繰り実態の把握と改善が企業経営全体の改善につながった事例を紹介したい。紹介する企業は、建設業と材木の加工販売を行っている地方の有力企業で、メインバンクの要請で当社が銀行と一緒に支援することになった。

　先代の時代、業績が厳しかった時は銀行が積極的に支援してくれず、自己資金で資金繰りをせざるをえない状況にあった。そのため、売掛金の回収を徹底し、回収金の範囲内で支払や返済をしていた。期日にしっかりと回収して支払うなど、全社一丸となって資金繰りを考えた企業運営ができていた。そのおかげで、資金繰りには苦労していたが、逆に自己資本を少しずつ貯めることができた。こういった長年の積み重ねから業績は少しずつ改善し、金融環境が好転したこともあり、資金繰りに苦労することはなくなっていた。

　ところが、後継者にバトンタッチしたところ、資金繰りに対する感度が落

ちてしまい、企業体質が甘くなって借入金が少しずつ増えてしまった。後継社長は売掛金の回収が遅れても、「社員も一所懸命頑張っているようだし、仕方がない」などと安易に妥協して、「何事も許す文化」となってしまった。

これは後継社長にありがちな傾向だ。経営者は、資金がなく支払ができなくなると、回収に対して厳しい姿勢になり、その気迫は末端の社員にも伝わる。逆に、経営者の考えが甘ければ、社員はそれを敏感に感じ取り、すぐに妥協する企業文化になってしまう。このように経営者の本気度は、組織全体に波及するものだ。

(2) 資金繰りを深掘りすることで見えてくる企業の実態

これに対して、メイン行の営業担当者は、決算で利益が相応に出ていることもあり、同社の課題について認識はなく、資金ニーズがあればスピーディーに融資を実行してきた。これは、企業にとって大変ありがたいことのようだが、実際は材木部門と建設部門のそれぞれにおいて、事業上の課題が放置されることにつながってしまった。

(i) 材木部門の課題

P/Lだけ見ると、当然だが在庫が増えても赤字にはならない。しかし、その支払は資金繰りに影響する。資金繰り表を見ると、経常収支が大幅マイナスとなっており、「材木の仕入支払」が支出の最大項目となっていた。そこで、仕入発注や在庫管理の業務に関してヒアリングし、①棚卸の数量が正確に把握できていないこと、②発注担当者が大きな権限をもって発注業務を独断で行っていることをつかんだ。

(ii) 建設部門の課題

建設部門については、先の入金が見えない状況だった。これは、比較的小さな工事等については、営業担当者が契約書等を書面で交わすことがなく、入金がいつになるかわからないことが要因であった。つまり、外注先から同社に請求書が来てから、その請求金額に自社取り分を上乗せし、お客さんに請求を出す流れとなっていたのだ。これでは入金の予定が見えず、お客さんへの請求漏れも生じかねない。

建設業における「立替」は、施主からの入金がないなかで、下請けへの支

払が先行する場合に生じる。契約書で前金30%などとしっかり取り決め、その資金で下請けへの支払ができれば、大きな立替が生じることはない。しかし、相手の言いなりになって交渉ができない場合は、前金が少なく立替が多く発生してしまう。

　さらには、下請けが工事の進捗を出来高以上に請求し、それをなんら確認していない場合は、下請けへの「過払い」が生じてしまう。つまり、下請けに合計で1,000万円払う工事の場合、本来は50%の進捗であれば50%分500万円の支払だが、70%として請求され、それを確認しなければ700万円支払うことになる。

　同社ではまさに、こういった状況が常態化していた。これは、「未成工事受入金」と「未成工事支出金」から読み取れる。未成工事受入金に対し、未成工事支出金が大幅に多くなっていれば、下請けへの支払が先行して、資金繰りに大きな影響を与えていることがわかる。

　こういった慣行が一度企業に根づいてしまうと、従業員任せで改善されることはない。改善は得意先や下請けとの交渉、書類のやりとりなど、従業員にとって面倒なことばかりだからだ。改善のためには経営者自身が現状の資金繰りを理解し、それを変えるという強い意志をもち、従業員を巻き込んでいかなければならない。

　以上、当社では材木部門で棚卸ができておらず、多めに発注する体質によって在庫が増加傾向にあったこと、建設部門の入金が見えず回収遅れが発生していたこと、並びに多くの立替が発生していたことが資金繰り上の大きな課題だった。これらの本質的な課題を放置したまま、最終的に「借入で資金繰りを賄う」ことを繰り返していたのだ。

⑶　銀行の役割は何か

　同社は現在、以上の課題について改善策を練って、地道に取り組んでいるが、本来は、銀行員が融資の際に、経営課題を指摘して解決を促していくべきだろう。企業の課題を放置したまま、事業性評価という名のもとよい点ばかりを評価して、「資金が足りなくなったら言われるがまま」融資するだけではダメだ。その企業の体質を見極め、対策を打てるようアドバイスしてい

くことが重要になる。

　企業の課題は、「資金流出」という恐ろしい事態につながっていることを銀行もあらためて認識すべきだ。それを融資で穴埋めするだけでは決して根本的な解決にはならない。銀行は貸すだけ貸して、借入に限界が来たらなんらアドバイスもせず貸さなくなるというやり方では、逆恨みを買うだけだ。

　では、どうすれば企業の課題をつかむことができるのか。決算書の数字を「資金繰り」に置き換え、それを「企業活動」に重ねて考えることができれば、より深く企業を理解できる。決算書で見るよりも、資金繰り表で見るほうが「キャッシュアウト」というかたちで、より鮮明に「課題」を認識できる。

　そして、資金繰り表の数値をその企業の業務の流れとあわせて考えることで、「仮説」を立てて何が問題なのかを探っていく。「この業務のこのやり方が、キャッシュアウトにつながっているのではないか」と考えるのだ。そして、どう業務プロセスを変えれば、問題を解決できるかを考え、従業員も交えて業務レベルでの改善策を一緒に検討していく。このため、その業界の知識に加え、個別企業の業務プロセス等について、しっかり理解しておく必要がある。

　銀行員は、資金繰りを理解することで、企業に対し企業体質を変えるきっかけを提供できるのだ。こういった視点をもって企業と接することで、企業の業績悪化を未然に防ぐためのアドバイスも可能となる。これは、企業の業務プロセスと資金繰りを理解している行員だからこそできることで、経営者にとって大変ありがたいことなのだ。

3－5　事業性評価と資金繰り

⑴　決算書と資金繰りの乖離

　事業性評価では商流とあわせて「金流」を見るといわれているが、金融庁や経済産業省の資料を見ると、資金繰りに関する記述は少ない。金融行政の担当官は実際に中小企業のなかに入った経験もないため、企業の資金繰りについて本気で考えることはできないのかもしれない。

「資金繰り」という言葉に慣れている銀行員でも、この言葉からたいてい
は業績悪化企業や返済猶予先において徴求する資料というイメージをもつ。
私自身もかつてはそう考えていた。私は、全国地方銀行協会で中堅銀行員相
手に研修の講師を務める機会を毎年いただいているが、ほぼ例外なく研修に
参加する銀行員の資金繰りに関する知見は乏しい。低格付先の貸付稟議書の
添付資料という認識しかないのが現実で、資金繰りとあわせて月次のP/Lと
B/Sを見るという基本的な考えがあまりない。

　決算書だけを見ていても、企業の実態をつかむことはできない。私が企業
のなかに入った経験では、たとえば、売上10億円、利益3,000万円程度の企
業だと、借入金の返済がなかったとしても、回収と支払のギャップがあり、
また消費税の納付や賞与支払などで想像よりはるかに資金繰りは厳しく、期
中資金が不足するのではないかと不安になることがある。

　こういった体験があるため、経営者が資金繰りから目を背け、経理に資金
繰りを丸投げしたくなる気持ちも理解できる。多くの経営者にとって、得意
先と新しい製品の話などをし、大きなビジョンを抱えて従業員を鼓舞してい
るなか、「今月末の支払が足りない」なんて見たくも聞きたくもない「現実」
なのだ。実際には多くの企業が借入金を抱えているので、その返済を考慮す
ると、企業の資金繰りはより一層厳しいものとなる。

　企業にとって、税金計算の根拠となる決算書の「利益」と「お金」はまっ
たく別ものだ。「こんな資金繰りの状況でも、決算でこんなに利益が出るの
か」と思ったことは一度や二度ではない。ある経営者が言っていたように、
「利益という現金はどこにもない」のだ。

　私自身がかつてそうであったように、銀行員は決算書を見ていれば大まか
に資金繰りは理解できていると、「わかった気」になっていないか。特に金
融検査の影響もあって短期継続融資が減っていき、銀行が企業と一緒に資金
繰りを検討していく機会を失ったことから、この20年間で銀行の資金繰り管
理力は大きく低下してしまったのではないか。実際に手形の書換えなどで深
く企業の資金繰りにかかわる経験をするのと、頭で考えているだけでは大き
な差がある。

事業性評価を本気で進めるためには、決算書の評価で止まって、資金繰りの把握を怠ってはならない。元銀行員で金融庁検査官であった足澤聡氏が言うように、事業性評価は、「商流・金流を頭で理解しても、その具現化である資金繰りを把握しなければ絵に描いた餅になってしまう」（銀行実務2022年12月号）ということなのだ。資金繰りは本来、事業性評価と一体のはずだが、銀行員は近年、特に資金繰りに対するアレルギーもあり、資金繰りを抜いて事業性評価を行ってしまいがちだ。しかし、銀行員にとって資金繰りを中心とした企業理解は不可欠なのだ。

⑵　マクロの視点とミクロの視点

事業性評価では、一般的にはマクロ的な経営環境の分析から入って、企業の製品・サービス、販売先、仕入先を競合や市場の観点から評価し、その企業の「強み」を把握する。これに対し、人間の体にたとえていえば、内部の「血流」を見ていくのが資金繰りの把握である。マクロ的な経営環境の把握とあわせてミクロの「血流」を把握することで、企業の実態を深く理解することができる。

マクロもミクロも、当事者である経営者は実は見えていないことが多い。患者は「熱が出ている」「頭痛がする」などの症状を医者に伝えることができるが、その原因まではわからない。企業においても、経営者は「資金ショート」してしまうという事実はわかるが、その原因については見えていないことも多く、たいていは「売上が足りない」と安易に結論づけてしまいがちだ。

このため、経営者に対してはマクロとミクロの両方の視点からの客観的なアドバイスが有効である。取引先の事業性を評価し融資をして終わりではない。事業性評価を今後の経営に活かしてもらうことがゴールである。

銀行が一緒に資金繰りの見通しを立ててくれることは、経営者にとって「精神安定剤」にもなる。前述のように多くの経営者は資金繰りに正対せず目を背けてしまいがちであり、半年先、1年先の見通しが立てられずにいる。そのため経営者は「勘と度胸」で積極策をとっていくことになり、これが無謀な経営につながってしまう。

私が公庫にいた時、ある地方で酒のディスカウント店を幅広く展開する企業があったが、出店で売上を伸ばすことばかりに経営者の関心がいき、資金繰りに目を向けていなかった。結果として、その企業は倒産してしまった。出血が止まらないのに全力疾走を続け、血がなくなってしまったのだ。社長以下、会社全体で資金繰りにもっと目を向けていれば、倒産を予防することができたはずだと私自身も反省している。

　経営者は、自社の血流が見えていれば、経営の様々な場面で自信をもってアクセルを踏むことができる。お金が足りないという「症状」だけではなく、なぜそうなってしまうのかを銀行と一緒に定期的に検査しておくことで、慎重な経営になるし、逆に大胆な経営も可能となるのだ。これまで多くの経営者と話してきたからこそ言えることだが、資金繰りが見えている経営者の判断には誤りがない。無謀な一か八かの賭けはせず、現実をわきまえて堅実な経営ができるのだ。

コラム 3	売掛金と買掛金が描き出すリアル

　銀行員は決算書を表面上の「数字」でしかとらえられない状況をどのように克服すればいいのか。何よりも企業の実務を理解することが不可欠であり、そのために、まず売掛金と買掛金の中身を企業と一緒に見ていくことが重要だ。「売掛金？　そんなの今さら言われなくてもわかっているよ」という声が聞こえてきそうだが、本当にそうだろうか。

　企業にとって、毎月しっかりと売掛金の発生額、入金額、期日、残高を把握して管理していき、問題が生じたら素早く行動することは、極めて重要である。しかし、実際は取引開始時に契約書等の書面上で代金や支払期日を明確にしていない企業が多い。こういった実態を知り、企業を理解していくことがまずは重要になる。

　企業の生の状況に触れ実態を理解していくことで、企業の価値向上に向けたアドバイスも可能となってくる。売掛金一つひとつ、取引先名を上げて経営者と話をして、資金繰りの予定表に落とし込むことから始め

るべきだ。

　買掛金についても同様に内訳書を見て、取引先名とおおよその取引金額を把握し、これをもとに経営者と話して、仕入がピークの月はいつで、支払がいくらになるかを確認しておきたい。経営者は売上についてはよく考えているが、普段は忙しくて仕入先や外注先のことをあまり気にしていない。銀行からの問いかけが、取引先の見直しにもつながる。

　このように、売掛金や買掛金を見直すことは管理面の強化につながり、企業価値の向上に資する。

3－6　貸さぬも親切

　私が在籍していた公庫では、「貸さぬも親切」という言葉があった。多くの企業を見てきた経験から、たとえば、設備投資がうまくいかないと考えた際には、当然、経営者に思いとどまるように言う。また、運転資金においても、足りないから借りるということを繰り返していては、借入金があっという間に膨らんでしまう。自助努力を促すことも銀行の使命であり、しっかりと企業を見極めて、厳しいことも言える信頼関係を構築することが大切になると教わった。

　現在、多くの銀行では本当に企業のためになる融資かどうかを判断し、相手のために厳しいことも伝えられているだろうか。

　当社が銀行と一緒に支援したある物品の製造小売業者は、売上アップを第一目標に事業を20年近く行ってきたが、利益率が低く、ほとんど利益が残らない体質であった。売上は毎年増加していたが、それに伴い借入金が適正規模を上回る状況になり、返済負担から資金繰りが苦しくなってきた。これは、厳しい言い方をすれば、メイン行が押し込みの貸付を行い、資金繰りやB/Sについて指導をしなかったことも原因の1つだった。

　銀行員が「今期の売上はいくらになりそうですか」と聞き、経営者が「前期比120％はいけます」と答える。この積み重ねが売上志向の体質をつくってしまったのだ。もちろん増加運転資金が必要なケースもあるが、企業の実

務において、売上の増加時は、いかに在庫を抑制し、回収を早くしていくか
が重要となる。売上増加時に売掛金と在庫の増加を抑制するためには、銀行
員も資金繰り予想を企業と共有することが求められる。そうでないと、運転
資金の管理ができず借入金も膨張してしまうのだ。こういったちょっとした
気遣いがメインバンクの役割であるはずだ。

　当社も入って資金繰りの見通しを立てていくなかで、銀行側もこれに気づ
き、どうしていかねばならないかと考えるようになった。今の経営のままだ
と「このようになる」と未来を数字で示すことで、改善につなげることがで
き、在庫も適正な水準まで抑えることができるようになった。なお、この経
営者が資金繰り予想を立てるなかで「これをやれば、「借りなくても大丈夫
そうだ」と言ってくれる銀行が本当に信頼に値する」と言っていたのが印象
的だった。

4　融資業務の5年後

　公庫に入った二十数年前、取引先の融資稟議を進める際、最初に「な
ぜこんなにも多くの資料作成を依頼して取引先の負担を強いるのか」と
いう疑問をもった。特に資金繰り予定表などは、取引先に依頼しても
「つくれない」という回答が多かったが、稟議の規定上必要だったので、
仕方なく自分で作成して稟議書に添付していた。

　どの銀行にもおそらく「資金繰り表のフォーマット」があり、それに
入力してもらうかたちで資料作成を依頼していると思うが、逆にその
フォーマットでなくてはダメという銀行もある。これは自分の仕事を楽
にするためだろうが、顧客にとって価値のある仕事になっているのか考
えたことはあるだろうか。

　現在でも、銀行は顧客に膨大な資料を作成させているが、それらの多
くは単なる内部資料にすぎない。ある銀行から聞いた話では、担当者が
稟議の流れにあうよう任意で数字をつくることもあるという。内部資料
だからそれも許されるのである。しかし、審査においては「原資料」を

もらい、業績見通しの根拠や確度を経営者と議論し、それをもとに資料を作成すべきではないだろうか。

　たしかに、取引先から融資申込みを受け、稟議書を書き、決裁を受け、融資を実行するだけでも企業から感謝されるしノルマも達成できる。しかし、それだけでいいのだろうか。顧客は融資を出してもらうために、日々の業務多忙の合間を縫って時間をかけて資料を作成する。銀行からそれを踏まえた課題が提示されれば、より資料のつくりがいがあると感じるだろう。

　最近は効率化を追求することで、顧客とのやりとりも簡素化、スピードアップされてきた。考えなくても銀行内の書類は自動的に作成されきれいに整うようになってきた。しかし、自動で作成された書類やモニター画面で数字を見ても思考は刺激されず、数字の裏にある企業体質、事業の動きにまで思考が及びにくいと感じる。

　こうした仕事の進め方になると、5年後の融資業務はどうなっているのだろうか。銀行はどこで付加価値を出すのだろうか。多くの行員は自分たちの仕事は特別でAIで機械化できないと思っているだろう。しかし、問合せに対するチャットボットの活用は多くの銀行で進んでおり、生成AIに取引先の財務諸表を学習させることで事業の流れや背景を理解させ、より複雑なリクエストに対応しようという「対話型金融」の動きもすでに始まっている。

3－7　B/Sは経営者を映し出す鏡

(1)　資金運用表による分析

　私がいた公庫では、○○比率といった財務比率の分析はあまり教わった記憶がない。もちろん財務比率を重視していなかったわけではないが、それについて上司とのやりとりをした記憶があまりない。

　では、公庫ではどういった分析をしていたかいうと、決算書を受領すると上司から次の2つの質問を出される。単年度のP/Lの利益がどうかというこ

とよりも、これらは企業にとって本質的なことを問うものだ。

① この会社のB/Sを見て、「社長の性格」を考えてみなさい。

② B/Sの2期分を見て、前期の「資金運用」の状況について評価しなさい。

上記①について、B/Sは過去から蓄積で、経営者の考えをも反映したものとして見る。財務比率を業界平均と比較して「良い」「悪い」の評価はできるが、それでは真の企業理解にはならない。B/Sから「経営者の考え」を読み取り、そこから企業が「どう成長していくか」を自分で考えることが重要になるのだ。

自分で様々な仮説を立て、それを経営者との面談で一つひとつ確認していくことが企業評価のポイントになる。たとえば、借入と固定資産の割合が高ければ、社長は積極的な性格で、設備投資や採用をどんどん進めて拡大を図るタイプで、守りが弱いかもしれない。あるところまで一気に成長するが、そこから成長が止まってしまう可能性もある。また、積極的であるがゆえに中長期的には大きな落とし穴にはまってしまう可能性もあり、それを補佐するナンバー2の存在が必要となるのではないか、といったように考える。

業務を通じてこういったことを続けていくと、B/Sから経営者の人となりが見えてくるようになる。また、その経営者の経営手腕もわかるようになり、今後どんな成長につながるか、またはどんな課題を抱えているかもわかるようになる。

上記②の資金運用表について、念のためここに記載しておくので参考にしていただきたい（図表3−7−1参照）。単年度だけではなく、数年分のB/Sを継続的に見ていくことで、企業の資金運用状況を把握することを目的としている。B/Sの科目を短期と長期に分け、2期比較して資金の「調達」の源泉が何であるかを把握し、それに対応して資金の「運用」に当たる科目がどう変化したのかを見るものになる。

こうすると、お金が「どのように調達」され、「どこに使われたか」または「どこに寝てしまっているか」が見えてくる。適切な資金調達ができていたのか、資金繰りに支障が出ていなかったかどうかもわかる。これはあくまでも資金の調達と運用の実態から過去の企業行動を評価するものである。

図表3－7－1　資金運用表　　　　　　　　　　　　　　　　（単位：千円）

資金の運用		資金の調達	
短期資金			
現預金の増加	9,000	支払手形の増加	0
受取手形の増加	0	買掛金の増加	8,000
売掛金の増加	10,000	短期借入金の増加	10,000
在庫の増加	14,000	長期資金より	15,000
短期資金合計	33,000	短期資金合計	33,000
長期資金			
土地建物の増加	0	長期借入金の増加	20,000
機械設備の増加	15,000	資本金の増加	0
短期資金へ	15,000	利益剰余金その他の増加	10,000
長期資金合計	30,000	長期資金合計	30,000

⑵　企業の未来の資金運用を一緒に考える

　そして重要なのは、ここから来期の資金運用計画を考えることである。その際、売掛金を何日分圧縮できるか、在庫を何日分圧縮するか等を計画する。そして、来期はいくら資金を設備投資に回すかなどと考えていく。企業は、生産性の向上や省力化を目的として、今後ますますIT化を進める必要がある。人手不足が当たり前となった昨今、いかに少ない人員で効率的に業務を回せるようにするかを考えた投資戦略は未来において大きな差を生む。

　次に、資金運用計画を策定したら、それを踏まえて月次の資金繰り計画へ落とし込んでいく。つまり、月次での売上と仕入計画、在庫計画、人員計画などからキャッシュとしていくら残すのかを考え、資金繰り計画に落とし込んでいく。足りない資金があれば銀行から調達することになるが、資金化できる資産を見出し、「借入ありき」としない戦略も考える必要がある。

　よくピンチはチャンスといわれるが、金融機関から必要な資金を借りられなければ、是が非でも自力で資金繰りをつけざるをえない。それは、自社を見直すよいきっかけにもなる。売掛金を期日にきちんと回収する、滞留した

在庫を処分する、他社への貸付金を回収するといった、これまで見過ごしてきた非効率を一つひとつ見直すことにつながるからだ。そして、今後は資金繰り計画を立て、こういった事態に陥らないようにしようと経営者が考えるようになることが重要なのだ。

しかし、ここまで見通すことは経営者１人ではなかなかできない。このため、銀行もサポートして、過去の資金運用を振り返り、そこから来期の資金運用を一緒に考える取組みが重要になる。B/Sへの理解が深まり、経営者が余計な資産という贅肉も落とし、自己資本を積み上げて筋肉質にしていこうと思うようになれば企業の継続性は一段と高まるはずだ。

コラム 5 審査情報のフィードバック

取引先に所定の資料作成を依頼して、その資料を加工して稟議書に添付するだけでは銀行員の価値にならない。企業の資金繰りの実態を理解し、審査をきっかけにして企業の抱える課題を確認し、どのように課題を解決するか話し合うことがお互いにとって価値ある時間になる。企業にとって審査でのやりとりは、自社の課題をあらためて認識し、改善につなげるチャンスでもある。

このため銀行員も、たとえ融資できないとしても、その企業に課題をしっかりと伝えていく必要がある。「こういったことを解決できれば、あらためて検討可能である」と伝えられれば、経営者も改善に向けて一層努力することができる。審査の資料は銀行の内部資料であって、対外的には厳秘というのが伝統的な考え方だと思うが、再検討の余地があるのではないだろうか。

第**4**章
新たな粉飾の手口とその見抜き方

4－1　粉飾決算の増加と高度化

　2023年7月、老舗ベアリング商社の堀正工業が倒産し、銀行ごとに異なる複数の決算書を作成して粉飾していたことが発覚した。同社に対しては、約50の金融機関が300億円ほどの融資をしていた。これら金融機関は粉飾された決算書をもとに長年、融資を行っていたことになる。これ以外にも、多数の金融機関から、昨今はゼロゼロ融資の返済が本格化し、折り返しの融資を求めて粉飾に手を染める企業が多くなっていると聞く。

　銀行員と一緒に粉飾の事例を見ていると、最近では「負債の簿外化または繰り延べ」という手口が散見される。たとえば、仕入を翌期に繰り延べてしまうことで今期の利益をかさ上げすることができる。これは粗利率の改善につながるが、経営者の「値上げの実施」や「設備投資による不良率の改善」といった説明があると、決算書の分析だけでは見抜くことが難しい。利益が出ているだけでなく、流動比率や当座比率がよくなって見えるため、企業は改善傾向にあると誤解してしまう。実際、格付優良先による突然の破産申立ては、こういった負債科目の粉飾が多いと考えられる。最初は少額でも、徐々に簿外化する額が大きくなり、ついに支払を借入で賄うことができず、支払不能で破産の申立てに至る。

　仕入の簿外化等は、経営者が痛みを伴う粗利率の改善という血のにじむ努力を放棄して、借入ですますことを続けてきた結果なのだ。そういった意味で、粉飾は経営者の弱い面が前面に出てしまったものと考えられる。当然、こういったことは公にはならないので、破産申立て理由は「販売不振」で片づけられてしまう。

私自身、公庫在籍中に粉飾を見抜けなかったことがあった。食品スーパーでの粉飾で、結果的にこの企業は倒産したが、フタを開けたら現金勘定で粉飾をしていたことが明らかになった。「食品スーパーでは釣り銭を多くもつ」と思い込んでいたので、現金勘定が膨らんでも不自然に思うことはなかったのだ。

　審査においては「思い込みの排除」が重要になるが、いざ現場に入ると、取引先の状況を客観的に見ることがなかなかできない。特に企業が地元の名士である場合、どうしても思い込みが入ってしまい、冷静に決算書を見ることができない。企業は銀行のそういった隙をついてくるため、生の決算書を見るのに加え、素直な目で企業を見る必要がある。

　銀行が企業の資金繰りを「常態管理」できていないことが、こうした粉飾の発見が遅れる原因の1つとして考えられる。企業は見られているという意識がないと、折り返しの融資を得るために不正に手を染めてしまいかねない。粉飾決算は、銀行が舐められている証ともいえ、年1回の決算に対する財務分析などで企業と対話しているだけでは、防ぐことはできない。期中の資金繰りまで銀行がフォローしてこそ、粉飾に気づくことができる。また、経営者に「資金繰りまで見られている」という意識があってこそ、「粉飾の抑止」につながる。

4-2　銀行の審査業務の問題点

　粉飾決算が増えた背景について、元金融庁検査官の足澤聡氏は、過去の金融庁検査の影響を受けて短期継続融資が減り、長期の証書貸出が増え、銀行における与信管理体制の未整備も重なったことが「粉飾決算を誘発する伏線」にもなったと考察している。足澤氏は、「短期継続貸出は書き換え・更新サイクルの中で、資金繰りをはじめとする多くの情報収集が求められるが、長期運転資金はこうした「煩わしい与信管理」から解放される一方で、資金繰り管理等の後退を招き、このことが粉飾決算を増加させる一因となった可能性がある」と述べている（週刊金融財政事情2020年9月7日号）。

　銀行の決算書全般に対する感度の低下も粉飾決算の増加に拍車をかけてい

ると考えられる。足澤氏いわく「取引仕訳を推考しない金融機関の財務分析が抱える弱点が、資金繰り管理の後退とともに顕在化してきているのではという問題提起である」（同上）。つまり、証書貸付による資金繰り管理の後退のみならず、決算登録・分析の自動化による銀行員の分析力低下も原因だと指摘している。

　昨今、銀行では決算書をOCR処理して、整理された数字をもとに審査などを行う。銀行員が生の決算書に触れる機会は以前よりも格段に少なくなっている。ある銀行では、数値のあわない不正な決算書もOCR処理後は整合性のとれたB/Sになっていた。やはり銀行では生の決算書を見ることが重要になる。

4－3　在庫の粉飾を見抜く方法

⑴　数字は嘘をつく

　私は公庫において「数字ほど嘘をつくものはない」と教わった。一般的には「数字は嘘をつかない」が、銀行の審査においてはこう考えておくほうがよい。人はどうしても数字を見ると盲目的に信用してしまいがちだが、それが危険なのだ。このため、審査の局面においては、数字ほど嘘をつくものはないという頭で企業を見ていくことが大切になる。

　銀行では、一般的に決算書の在庫は粉飾されやすいと考えられている。それを見抜くためのポイントを次に解説していきたい。

⑵　原価でなく仕入高を見る

　まず製造業であれば、「材料原価」を見るのではなく、「材料仕入高」を見る必要がある。銀行の整理された決算帳票では、材料原価が表示されている場合が多い。つまり、期首／期末の材料棚卸高を考慮したあとの数値となっている。これでは実際に仕入れた金額がいくらだったのかわからない。こういった銀行の帳票自体が問題であるが、決算書から材料仕入高を見ることで、在庫の異常値も見つけることができる。

　つまり、仕入高と在庫の増減に因果関係があればよいが、過去のトレンドから見て、仕入高がさほど増えていないのに在庫が増加していたら異常であ

る。当たり前だが、売上との関係を見て過去と比較して仕入高が少ないのに在庫が増えるわけがない。また逆に、仕入がこれまでと比較し過少であるにもかかわらず、売上高が変わらない場合も異常である。

経営者の「材料の値上げが予想されたので、早めに多く仕入れた結果、在庫が増えた」という説明をそのまま受け取るのではなく、実績に照らして「仕入高と在庫」の関係に矛盾がないか見る必要がある。

なお、製造業の場合は原材料の在庫に加え「仕掛品」と「製品」の在庫がある。値上げが予想されたので早く多く仕入れた原材料を、「ある程度加工したので仕掛品や製品の在庫が増えた」という説明があった場合はどうだろうか。当然、これらが水増しされるとP/L上の利益は多く出る。まずは過去の推移から見て、仕入高が増えていないのに仕掛品や製品在庫が増えていた場合は問題となる。経営者の「値上げによって原価率が改善した」という説明にとらわれないようにするためにも、原価ではなく仕入高を確認しておきたい。

在庫の検証には原価でなく仕入高を見る

⑶　過去からの粗利率と商品構成の遷移を確認

加えて、過去10年程度の「粗利率」の推移も確認し、「商品構成」などの変化も考慮して、経営者の説明がおかしくないか検証すべきである。10年前の商品構成と比較して、現在の商品構成が利益率の高いものに変わってきていれば、決算の粗利率の改善は問題ないが、そうでない場合は嘘の可能性もある。過去10年分の決算データがある銀行ではわかるはずだ。

このあたりは「生の決算書」を多く見た経験がないとわかりにくい。数字をしっかりとらえ仮説を立て、経営者の説明に矛盾がないことを確認することが大切になる。たとえ倉庫を見に行ったとしても、「決算時点の仕掛品」に帳簿とズレがあるかどうかはわからない。このため、過去からの商品構成と粗利率の推移を見ていくことが重要になる。また、こういった情報を常に銀行に蓄積していく意識が粉飾の発見につながる。

4-4 資金繰り予想を活用した粉飾発見法

(1) 資金繰り予想からわかる粉飾

　銀行では財務分析においては、P/Lの利益とあわせて「経常収支」を重視し、粉飾の発見などにも活用しているはずだ。もちろん、これを見ることで年間の大まかな資金繰り傾向がわかり、粉飾で在庫を増やすことで利益が出ていても、実際の資金繰りはそうではないこともわかる。ただ、最近は企業も粉飾の手口を高度化させてきており、経常収支を見るだけでは粉飾の発見は難しいケースが多い。

　企業に対して資金繰り表の作成依頼をしたとしても、提出された資料をそのまま稟議書に添付していないだろうか。検証するとしても、試算表と預金残高が一致しているか、決算書における理論上の回収額（売上高＋前期売掛金等－当期売掛金等）が実際の回収額と一致しているかなど、整合性の確認にとどまっているのではないか。そもそもスコアリングの点数がよければ、資金繰りの細かい点まで見ていこうと思わないのが現実ではないだろうか。

　企業から出てきた資金繰り実績表が正しいという保証はない。決算書にあわせた資金繰り表を作成することは簡単だ。このため、やはり銀行側で根拠に基づいた資金繰り表を作成できることが重要になる。

　ICAROS-Vを活用している銀行は、資金繰りの「実績」だけではなく、「予想」を審査や粉飾発見に活用している。企業の集計ミス等を指摘して満足してはいない。具体的には口座情報と試算表も活用し、以下のように見ていくことで負債の簿外化も含めた粉飾発見に至っている。

① 　期初に経営者と一緒に売上や仕入などの見通しを立て、ICAROS-Vで資金繰り予想を作成する。

② 　期中に試算表を適宜徴求し、システムに実績の売上高と仕入高を入力し、試算表時点までの資金繰り実績表を作成する。

③ 　システムで出る予想の回収額と支払額を見て、資金繰り実績表や口座等の動きと比較する。

　もともと資金繰り予想は経営者と一緒に立てたわけだから、実績と大きく

ズレることは少ないはずだ。そこで、実績が予想と大幅にズレていた場合、何が影響を及ぼしたかを経営者に確認していくことで、不明瞭な取引が見えることがある。こういった場合、経営者はうまい言い訳を考えてくるので厄介だ。しかし、当初経営者と一緒に立てた見通しの数字が手元にあれば、経営者の話をそのまま鵜呑みにすることはなくなる。

(2) 取引条件からわかる粉飾

　具体例で説明しよう。3月決算企業の場合、翌4月の回収予想額と回収実績が大きく異なっていた場合、3月の期末に売上を前倒しまたは架空計上した可能性がある。また、翌4月の仕入の支払予想額が実績と大きく異なった場合には、前期末の仕入を簿外化していた可能性が考えられる。試算表の「預金残高」が資金繰り予想と大きくズレていた場合、借入金などの簿外化の可能性も考えられる。

　あるいは、企業と年間の資金繰り予想で、あらかじめ1年間の借入のタイミングと必要額を共有しておくだけでも、借入が当初予定額を上回った場合、異常を検知することができる。粉飾に利用されやすい在庫についても、期中の在庫高を推定するロジックがICAROS-Vに入っているため、期中12ヶ月間の在庫の増加と仕入・外注費の動きの間に理論上の破綻がないかを確認することで在庫の不自然な動きを検知することができる。

　加えて、ICAROS-Vでは「売上高」と「売掛金・受取手形・前受金」の毎月の残高、および「仕入高」と「買掛金・支払手形・前払金」の毎月の残高の整合性をシステムで確認し、整合性のない決算書に対してアラームを出す仕組みとなっている。また、企業の取引条件を自動計算するロジックが入っているため、企業にヒアリングしなくても、「回収条件」と「支払条件」がわかる。このシステムで出る取引条件が経営者の説明と異なる場合、なんらかの経理操作が入った可能性がある。たとえば、経営者が、支払は「末締めの翌月末現金払い」といった場合において、システムで算出された取引条件が「当月現金支払50%、翌月末現金支払50%」と算出されたとすると、仕入についてなんらかの操作があった可能性があるとわかるのだ。

⑶ 法人税と消費税からわかる粉飾

決算書のB/Sには未払い（未収）の法人税と消費税が記載される。決算書のOCR処理により、これらの科目のデータを取得せず決算帳票に登録していない銀行のほうが多い。資金繰りへの理解がないとあまり意識しない科目だが、ここから粉飾に気づくこともできる。

法人税と消費税は期中で「中間納付」が発生する。中間納付は前期の申告額に応じて決まり、そこからB/Sに計上された期末の未払額が妥当かどうかを検証することができる。

まず、法人税についてだが、決算書でP/L上利益が出ていて、法人税も発生しているはずなのに、B/S上の法人税の未払額が少なすぎたら異常である。ICAROS-VではB/Sに未払法人税が500万円ほど出ると計算されたが、決算書のB/Sにはそれが計上されていなかったため、アラームが点灯したケースが実際にある。この企業は赤字の税務申告を行っており、その後、売上などを加算した決算書を作成して銀行に提出したが、B/Sの未払法人税まで考えが及ばなかったのだ。

消費税についても、企業が税務申告後に売上を加算したり、仕入を減算した決算書を作成した場合、期末の未払（未収）消費税額が中間納付を踏まえてICAROS-Vが自動計算した金額と異なっていればアラームが出る。このように資金繰り表上の中間納付とB/S上の未払消費税額から、売上や仕入の妥当性も検証できる。

4－5 粉飾は牽制することが重要

企業は、一度粉飾決算に手を染めるとなかなか元に戻すことはできない。行き着く先は間違いなく破綻である。資金繰りに「正対」している経営者であれば、粉飾決算がよい結果につながるとは絶対に考えない。資金繰りの見通しまで考えず、「売上志向」の経営をしている企業が粉飾決算に手を染めやすい。そういった経営者は、足りない資金は借入で賄えばよいと安易に考えてしまいがちだ。

ただ、相手が一見優良企業であっても先々の資金繰りを一緒に見ながら経

営者を「牽制」していくという考えを銀行はもつべきだ。足澤氏は、「粉飾については発見よりも牽制・抑止機能の具備が重要であるとともに、融資先企業の業績悪化の兆候を、いち早く察知できる与信管理の枠組み構築こそが最も重要である」(週刊金融財政事情2020年9月7日号) と述べている。

　銀行から企業に対して資金繰り予想を提示し、期中において企業と資金繰り予想に基づいたコミュニケーションをとることで、粉飾決算の牽制・抑止、業績悪化の予兆の察知が可能となる。これにより、お互いに緊張感をもって決算までの12ヶ月間を過ごすことができる。決算報告で経営者から、「こんな決算になりました」と久しぶりに会って説明を受けるようでは、銀行側にも問題があるといわざるをえない。

第5章
新たなモニタリングの手法

5－1　与信管理の現状とあるべき姿

　銀行では融資先の業況を定期的に確認することが必須となっている。過去に取引先の破綻が出た場合のモニタリング不足を指摘され、その改善に向けて取り組んでいるはずだ。取引先企業の倒産に際して、「不況による売上ダウンで倒産は回避できなかった」と営業の現場が安易に結論づけることは避けなくてはならない。現場の「言い訳」を許さず、与信管理のやり方に問題がなかったかを本部は問うべきだ。

　しかし、営業の現場では行員１人で70～80社程度を抱えており、新規貸出の目標もあるなか、融資先の事後フォローを徹底できるかと言われるとかなり難しいのではないか。やはり、割り当てられた新規の営業目標が優先されるため、それ以外は後回しにされがちだ。また、モニタリングの取組みは銀行内部で評価することが難しく、何をしたらよいかわからず、なかなか本気でやれていない。銀行員によってレベルの差もあり、形式的に試算表をもらって、売上と業況をヒアリングしていく程度になってしまいがちだ。

　これが長期的に見ると銀行にとって大きな損失につながってしまう。近年、粉飾決算の問題も再び大きくなってきているが、これまで銀行が10年以上モニタリングを軽視してきたツケが回ってきていると私は考えている。

　また、これまでの銀行の与信管理は、ただ早期に「回収」することが目的になっていないだろうか。業績が悪化して資金繰りが苦しくなってくると、銀行は返済を求め「さらに苦しくさせる」のがこれまでのやり方ではないか。本来、銀行が行う与信管理とは、融資金を早く回収することではなく、企業の未来を見える化し、業績をこれ以上「悪化させない」ための支援を行

うことである。

　企業がつぶれてしまっては、収益である利息も得られないばかりか、融資金の回収ができず大きな損失となる。企業がそうならないようサポートすることが銀行の本来の与信管理である。過去2期の決算を見て「この企業はダメだ」と判断することや、業績悪化の兆候を見て、「他行に先駆けて回収する」ことではない。つまり、「貸し手」と「借り手」が対立するのではなく、ともに成長する「共闘関係」を築くことが何よりも重要になる。銀行が損益予想などを検討したうえで、「未来」を見ながら、企業に適切な行動を促していくことが、双方の利益につながるのだ。

銀行の与信管理

× 業績悪化を早めに把握し、早期に資金の回収を計ること

○ 未来を見える化し、業績を悪化させないよう支援すること

　加えて、与信管理において重要書類である資金繰り表の徴求はどれくらいできているだろうか。短期継続融資の縮小とともに、現状はあまりできていないと聞く。業績が苦しくなった企業に日繰り表をつくらせている銀行もあるが、これはお金の「やり繰り」のための資料であって、資金繰り改善につなげられるものではない。これを「資金繰り支援」と考えていては不十分だ。銀行は、取引先の経理とは違う、もう一段上の目線で年間の資金繰りの見通しをとらえ、そこから企業の体質を見極めて改善をサポートしていくべきだ。

5－2　与信管理のレベル

　融資したお金が事業活動に活かされていることを確認するという「資金使途の確認」は必須事項である。また、融資先の業績を確認し、悪化していた場合に迅速に対応を検討することも債権管理上は必要不可欠といえる。しかし、それだけでは不十分である。与信管理の目的は、既述のとおり融資先の業況をウォッチすることから始まり、それに応じて業況を「悪化させない」

ように支援していくことである。与信管理のレベルを以下のように3段階に分けて考えてみたい。

■レベル1「業況把握」

　月1回程度訪問し、売上などの業況をヒアリング。試算表をもらえるようであれば試算表をもらい、数字を確認し管理記録として残す。業績悪化の兆候をつかみ、早期回収に向けた対策を検討する。

■レベル2「資金繰りの把握」

　資金繰りの実績を集計してもらい、それを確認する。業績悪化企業については日繰り予定表の作成支援とその管理を行って、資金の動きを確認する。

■レベル3「業績を悪化させないサポート」

　期初に資金繰り計画を銀行と企業が一緒に立てる。そして、毎月実績を確認し計画を見直していき、決算着地までの損益と資金繰りをお互いに認識する。こうした常態管理のなかで今後の取組み内容を一緒に検討し、その効果を数字にして着地までシミュレーションして、経営者の取組みを後押しする。

　多くの銀行ではレベル1止まりになっていないだろうか。銀行は常にレベル3を目指して企業のサポートをしなくてはならない。中小企業の業績は毎月大きく変動するのが常である。安定的に成長している企業はそう多くない。経営者がやるべきは、その変化をしっかりとらえ、「先手を打つ」ことである。場合によっては大きく会社の方向を変えることも検討し、従業員を巻き込みながら、社長が考える目標に向けて一丸となって邁進していくことが重要になる。経営者は、この先がどうなるか、そしてどういった手を打てばよいかについて「気づき」を常に欲している。それに銀行が応えていくことで、業績悪化を未然に防ぐことができるのだ。

　そうであっても企業の業績が悪化することがあるだろう。その場合、銀行が我先に融資を回収することは、相手の信頼を裏切ることになる。銀行はよく「経営者に裏切られた」という言葉を使う。しかし、多くの場合、銀行側が先に信頼を裏切っている。銀行は業績悪化企業に対し、「いくら返せるか」

という発言が多くなりがちだが、それでは経営者は銀行をいかに欺くかとしか考えられなくなってしまう。

　ただ、これは債権保全を図らなくていいということではない。どんな場合でも、企業と信頼関係を保っていくやり方があるということである。決してきれい事を言うつもりはないが、銀行と企業側の両方の立場の経験から、やはり先の見通しを立て、それを経営者に示しながら「これから、どうしていこうか」と一緒に考える「横にいる関係」であれば、経営者にとって銀行は決して敵にはならない。そして、企業を常に信頼してできる限り支援をし続けるという銀行の思いは必ず経営者に伝わる。

　経営者は世話になった人には極力迷惑をかけたくないと考えている。私が公庫にいた時、支店長と一緒にある倒産間近の経営者と話していて、「公庫にはお世話になったので優先して返します」と言われたことがある。これは過去の先輩担当者の功績である。経営者に裏切られたと言う方は、まず自分の行為に問題がなかったかあらためて見直してみるべきだ。

5-3　新しいモニタリングの手法

(1)　未来の数字でモニタリング

　これまでの銀行のモニタリングは業況把握が中心であった。過去の決算書しかデータがなければ、業況確認が中心にならざるをえない。しかし、これでは既述のように、取引先の業況悪化を未然に防ぐような支援は困難である。

　企業を訪問して試算表を見せてもらっても、比較するものがなければ問題を発見・認識することができず、お互いに無為な時間を過ごすことになってしまう。このため、簡単でいいので「月次の見通し」を一緒に立てられることが重要になる。

　ここでいう「見通し」とは、実績の決算をもとにして対話で聞き出した月商や原価率の見通し、在庫や経費の見通しでよい。銀行員は未来の数字というと、経営計画などをイメージしがちだが、そこまでは必要ない。経営者にとって計画書の作成は負担が大きいが、「来期の見通しを一緒に月次で立て

ましょう」と言うと、ハードルは一気に低くなり、どの経営者も快く応じて
くれる。これをICAROS-Vに設定入力すれば、月次でP/L、B/S、資金繰り
の見通しを簡単に作成できる。

　ICAROS-Vを導入している銀行では、この「見通し」の数字をもとにモニ
タリングができている。銀行から資金繰り予想を提示し、経営者と一緒に未
来について考えられるのだ。売上や損益の見通しだけではなく、それを資金
繰りにまで落とし込むのは、経営者にとって最大の関心事は未来の資金繰り
にあるからだ。資金繰りをもとに話すことで経営者が聞く耳をもつ。そし
て、毎月の訪問で足もとの業況を確認し、見通しの数字と試算表などを比較
することが可能となる。

モニタリングのため期初にお互い毎月確認できる数字を決める
それには
月次の損益と資金繰りの「見通し」があるとやりやすい
↓
作成した予想をもとに「当月」の実績を試算表等で
定期的に確認し、やるべきことを一緒に考える

　経営者は銀行との毎月の面談を通して、資金繰り予想と実績との乖離がわ
かれば、あらためて資金流出につながっている原因を認識し、何をしなけれ
ばならないか考えることができる。これは、経営者にとって大きな価値にな
る。

　経営環境は驚くほどの早さで変わっており、競合もあっという間に参入し
てくる。このため、企業は現状を踏まえて、いかに素早く「軌道修正」でき
るかが重要になる。優良企業ほど月次損益と資金繰りで見通しを立て、迅速
に軌道修正をすべく、実績をもとに真剣に議論している。業績好調な企業で
あれば、決算着地で資金がどれくらい残るかも資金繰りから見え、設備投資
などを追加で検討することもできる。

　銀行では試算表をもらって、それをうまく活用できているだろうか。銀行によっては、期中の試算表データを自行のシステムに入力し、融資方針の見直し等を行っている。しかし、ここから経営者にとっての価値を生み出すことはなかなかできていない。

　月次の「試算表」が示す実績をもとにして、今期の着地までの損益と資金繰りの姿を見せられることが銀行の価値になる。従業員の仕事のやり方はこのままでいいのか等、経営者の頭は整理され、やるべきことを考えていくことができる。経営者と一緒に借入金や自己資本がいくらになるのかも確認し、企業の継続性を高めるためにどうしていくべきかを話し合うことが効果的なのだ。

　多くの経営者は税理士から試算表をもらって、赤字か黒字かを確認して机の引き出しにしまって終わりにしてしまう。ICAROS-Vを活用すれば、銀行は試算表を徴求することで、実績を踏まえて決算着地までの正確な損益と資金繰りの予想が簡単にできる。企業もそういった情報を求めているので、銀行が提供できる大きな価値になるはずだ。

⑵　常態管理の仕組み構築

　資金繰りの把握について、元金融庁検査官の足澤聡氏は、「返済振りが悪化したため資金繰り表を申し受けるというケースをよく見受けるが、これでは常態と比較して何が悪化したのかを見極めることが難しい。資金繰り表を定期的に申し受け、常態時における収支の特徴を掴んでおくことが肝要である」（銀行実務2022年12月号）と述べている。つまり、平常時から資金繰りを現場が確認する仕組みを構築することで、与信管理のレベルアップが期待できる。

　常態管理の仕組みについて足澤氏は、与信管理における「シグナリングやスクリーニングは現場任せにせず、デジタライゼーションの進展に呼応した

合理的な制度設計が成功のカギになる」（金融財政事情2020年９月７日号）と言っている。ICAROS-Vを活用すれば、銀行はこれまで述べてきたように、未来の資金繰りを核にした常態管理の仕組みを構築することができる。

　なお、ICAROS-Vでは、資金ショートの可能性のある先、粉飾の疑いのある先などについてはアラームが点灯する。これにより、企業の業績悪化を未然に防げるばかりか、既述のように粉飾を発見・牽制することもできる。

(3) 経営者との対話における意識

　経営者との定期的な面談では、経営者の貴重な時間を奪ってはならない。面談が経営者にとって貴重な時間になるためには、「経営者が会社の現状と将来について考える時間をつくる」という意識で接することが重要である。

　中小企業では経営者自身が現場に入って、営業・製造・クレーム対応などをこなしている。１日12時間以上、働いている経営者も少なくない。経費を多くかけられないことから、最低限の人員で回さざるをえず、必然的に経営者の時間を割くしかなくなる。このような状況では、経営者は会社の将来について落ち着いて考える余裕はなくなってしまう。また、資金繰りにまで意識が向かず、経理から今月末の支払が足りないという報告があがった途端、金融機関に相談にいくことも多い。

　ある企業の経営者は、あっという間に過ぎてしまう毎日のなか、銀行員との面談が自社の先行き、営業戦略などを考えるよいきっかけになったと言って担当者に感謝した。銀行員と対話しながらあらためて数字を見ることで、経営者にも得るものが多くあるのだ。具体例を示そう。

　ある銀行の取引先企業は、自社開発の製品を主に代理店を通じて販売していた。毎月の面談のなかで資金繰り予定を見ていくと、売掛金の回収条件や利益率が改善できないことなどから、資金不足に陥りやすい体質が見えてきた。

　これまでは資金繰りが厳しくなると、対処療法的に借入などを繰り返していたが、この銀行の担当者は先々の資金繰りまで見えていたので、資金不足の根本原因を指摘した。資金繰りの体質を抜本的に変えるため、現在の代理店を中心とした販売体制を見直し、直販体制づくりを提案し検討していくこ

とになった。

　社内で直販に向け必要なことを洗い出し、資金繰りに支障が出ないように半年かけて体制づくりを行った。その甲斐あって直販に切り替えることができ、利益率と回収の早期化を実現できた。

　企業は、何かを変えるより現状維持のほうが楽なので、銀行が何も言わなければ、この企業は販売形態を変えられず、資金繰りに苦しみ続けていた可能性が高い。銀行が経営者と一緒に資金繰り予想を作成し、数字を見て対話をしていくなかで、「どうしたらよいか」と問いかけたから経営者が気づき、代理店販売からの撤退を決断することができたのだ。

5－4　モニタリングで経営者の表情は明るくなる

　銀行にとって、地元企業への融資と海外の貸付債権などへの運用のどちらのリスクのほうが高いだろうか。私は、地元企業への融資のほうがリスクをコントロールしやすいと思う。地元企業への貸出を適正な利ざやで行い、モニタリングでリスクコントロールと経営支援を行っていくことが、銀行と地元企業の共存共栄につながる。

　数々の銀行がコンサルティング支援を謳っているが、DX支援はIT業者を紹介して終わり、経営人材の紹介も競合の大手にはかなわないといった状況が少なからずある。やはり銀行であれば、原点である「財務の数字」に基づいた支援をすべきである。12ヶ月の損益と資金繰り見通しの提示、そして月次でのモニタリングがそうした支援になると考える。つまり、未来の数字を「共通言語」として、経営者と対話しながら一緒に会社のあり方を考えることが重要になるのだ。こうしたことに対する経営者の潜在的なニーズが高いにもかかわらず、現状できる人がいないため空白地帯となっている。

　経営者は自分で考えたことしか実行しない。銀行が無理矢理「やらせる」ことはできない。銀行が事業経営のすべてを把握することはできない。また、銀行には事業経験がないので、言えることも限られる。その点は謙虚に受け止めなければならない。そのうえでやるべきは、「未来の数字」を経営者に提示し、それを出発点にして経営者と対話することである。これが経営

者の気づきを促し、行動につながるのだ。

業績が低迷している企業でも、損益と資金繰りの見通しを見て話をすると、経営者の表情が明るくなっていくことがある。これはどういうことがわかるだろうか。たとえ業績の見通しが厳しく困難があったとしても、「やるべきことが見えてくる」ことが経営者にとって何よりありがたいのだ。やるべきことが見えれば「従業員と一緒に頑張っていこう」という気持ちが芽生え、経営者の表情は明るくなるのだ。

企業が存続していくためには、経営者に前を向く気持ちになってもらうことが欠かせない。様々な困難に立ち向かっていく当事者は、銀行ではなく経営者である。経営者に「その気になってもらう」ことが重要で、「経営者の表情を明るくする」ことが銀行のモニタリングの目的だと私は考えている。銀行員も面談が終わったあとの経営者の表情を、ぜひ気にしてほしいものである。

> 経営者の表情が明るくなることをモニタリングの目的にしたい

5－5　ゼロゼロ融資の返済に向けた支援

⑴　返済ストップは企業のためになるのか

新型コロナウイルス感染拡大という未曾有の災禍にあって、銀行はゼロゼロ融資で多くの企業を救うことができた。その実質3年ほどの据え置き期間が終わり、2023年から返済が本格化している。飲食店などいくつかの業種はまだ売上がコロナ前の水準まで回復しておらず、収益も厳しい状況にある。銀行はそういった企業の借入金の返済等をどのように考えていくべきだろうか。

ゼロゼロ融資の返済を確実にするためにも、まずは企業と一緒に資金繰りの予定を立てることから始めたい。そこまでする必要はあるのかという疑問をもつ銀行員もいると思うが、多くの企業では「経常収支」を高めて返済原資を捻出していくという取組みが必要だ。そのためには資金繰り表で見通し

を立て、資金が不足することがないよう先行管理することが大切になる。資金繰りの状況を数字で見える化し、資金の「不足額」を認識することで、はじめて経営者は「何をしていくべきか」を考えられるのだ。

　ここで銀行が一方的に「資金繰りは大切なので見通しを立ててください」と企業に丸投げすることは避けたい。企業の経理は１～２ヶ月先の回収と支払の予定を出すことはできるが、その先は売上や仕入が発生していないので予定を出すことができない。企業側に作成のノウハウがないのだから、銀行も一緒になって資金繰り予想を作成する意識をもたなくてはならない。この過程で経営者も多くの気づきを得ることができ、お互いにとって役立つ一石二鳥の取組みになる。

　さて、先行きの資金不足が明確になった場合、銀行は追加融資が難しい先にはリスケジュール（以下、リスケ）の提案をすることも多い。そして、経営者も「借入金の返済がなければ楽だろう」と安易に考え、それを受け入れてしまいがちだ。

　しかし、銀行はそれが「本当に企業のため」になっているのかをあらためて考えてみるべきだ。多くの企業を支援してきた経験から、返済ストップは長い目で見ると決して企業のためにならないことも多い。半年～１年間返済を止めてしまうと、返済しないことに企業は慣れてしまい、業績を改善させて返済していくという意識が薄くなってしまう。銀行も返済ができない状況が続くと、「要管理先」または「破綻懸念先」という烙印を押すことになり、担当セクションも変わり、今後はいかに貸金を回収するかという考えが勝ってしまう。銀行の担当者も企業を支援するというより、リスケの継続で精一杯になってしまい、この悪循環からなかなか抜け出せない。

　リスケに応じるにしても返済を完全にやめるのではなく、銀行が一緒に見通しを立て、「月10万円でも返済していくことができる」という「絵」を企業と共有し、やるべきことを一緒に考えていく取組みが大切になる。そして、タイミングを見て正常化のためリファイナンスなども検討するよう、銀行も企業を守る意識と責任をもっておきたい。数字を抜きにした空中戦ではなく、必ず対策を実施した場合の資金繰り見通しを作成していく必要があ

る。これにより経営者も返済意欲が高まり、もう一段の経営改善に着手して
いける。

　また、安易なリスケは企業のためにならないばかりか、将来の銀行のため
にもならない。行員に安易な考えが染みついてしまい、何事も事務的にすま
せる意識になることに加えて、企業の資金繰りをとらえて改善していくノウ
ハウも蓄積できないからだ。リスケ先の経営者に見通しを聞いてみると、ど
うしても悲観的な見方をする場合が多い。ヒアリングはもちろん重要である
が、行員自身でも業界の動向などを調べ、自ら見通しを数字で立てることも
重要になる。この点、ICAROS-Vを導入している銀行では、その企業の業界
見通しを反映したP/L、B/S、資金繰りの予想が手元にあるため、経営者の
考えを比較検討することもできる。こういった取組みにより、経営者と真剣
にディスカッションできるようになり、話合いの場がお互いにとって有意義
なものになる。

7　銀行も働く人に目線をあわせる

　ある企業では、売上が落ち込み、銀行からリストラを要求されていた
が、経営者の判断でそれには従わなかった。実はその時、経営者は寝る
間を惜しんで新しい高付加価値の事業に専念しており、そこに人材を投
入して事業を成長させるべく努力していたのだ。その結果、多少時間は
要したが、この新規事業を大きく伸ばすことができ、業績を大幅に改善
させることができた。

　これは、銀行員が考えるように目先の「数字」だけで経営はできない
ということを表している。これまでの話と矛盾するようだが、経営は数
字だけの世界ではない。数字の裏にある、働いている人の「感情」が重
要なのだ。「働く人」それぞれの意識が「企業」をつくっているのであ
り、それを知れば、数字だけ見て「いくら人件費を削減すれば利益が
出る」と単純計算することなどできない。

　経営はいかに「働く人の力」を引き出していくかがポイントで、これ

が経営者の重要な役割であり、経営は数字ですべてを理解できるほど単純なものではない。銀行が見ている数字は、あくまで経営の1つの側面でしかないことを肝に銘じるべきだ。銀行員は得意な数字に加えて、そこで働く「人」にもっと関心をもつ必要がある。

⑵　【事例】企業の返済意欲を引き出すコツ

　ここで銀行がゼロゼロ融資の返済について検討した事例を紹介したい。事例企業は印刷関連のサービス業で借入金が年商近くあり、返済負担が重いために返済額ゼロを希望していた。そこで、銀行は経営者と一緒に資金繰りの見通しを立てることにした。

　損益と資金繰り見通しの作成にあたっては、業界平均の売上D.I.を参考にして現在の売上を将来に引き伸ばす「成行予想」で見た。前期の損益実績は収支トントンであったが、今期は成行きで経常利益▲2,078千円の赤字となる予想であった。また資金繰りを見ると、1年間で経常収支はプラス月とマイナス月が混在するが、年間トータルでは▲3,786千円と厳しい予想になった。これで毎月250千円の返済をすると預金残高は決算着地で僅少となってしまうことが判明した（図表5－5－1参照）。

　そこで、経営者と協議して取組み事項を列挙し、その改善効果を数値化、損益と資金繰りの予想を作成し、これを見ながらあらためて対話していった。すると、経営者はしばらく考え込んで「やはり値上げ交渉をしなければ生き残れない」と発言し、先頭に立って取引先との交渉に取り組むと宣言した。そして、値上げを可能にするために新サービスのリリースを半年以上早めることにし、既存顧客の試用期間を前倒しで設定することも決めた。これにより役員の負担は大きくなったが、資金繰りを維持するためにもこの取組みは必要不可欠という認識になった。

　決定した施策の効果を銀行がシミュレーションした結果、損益では売上のアップと原価率の改善により、経常利益9,761千円と黒字転換する予想となった。資金繰り上も、経常収支は年間合計で7,169千円とキャッシュアウトがなくなり、借入金の返済250千円/月もできる見通しになった（図表5－

5 – 2参照）。経営者はこの数字をしっかりと念頭に置き、やるべきことに期限を決めて実行していった。

　本件で、銀行が企業に言われるまま返済をストップしていたらどうだったか。企業が本気になって値上げ交渉や新サービスの投入に取り組めなかった可能性がある。銀行ができる支援とは、見通しを「数字で示し」、経営者を「本気」にさせ、具体的な取組み内容を「引き出す」ことである。決して返済を楽にすることが支援ではない。経営者に「改善の絵（数字）」を見せ、「やる気」になってもらうという取組みが重要になる。

図表5－5－1　印刷関連サービス業者の成行予想

(1)　月次損益計算書（成行予想）

(単位：千円)

		9月	10月	11月	12月	7月	8月	合計
売上高		10,567	13,223	16,490	14,003	10,413	14,949	170,612
売上原価		5,786	6,855	8,584	7,521	5,868	7,719	90,304
売上原価	製造原価	6,151	7,429	8,246	7,768	6,481	7,095	90,391
	期首製品	4,315	4,680	5,253	4,915	4,413	5,026	4,315
	期末製品	4,680	5,253	4,915	5,162	5,026	4,401	4,401
売上総利益		4,781	6,368	7,905	6,483	4,545	7,230	80,308
販売管理費		6,789	6,789	6,789	7,366	7,368	6,791	82,638
営業利益		-2,007	-421	1,116	-883	-2,823	439	-2,330
営業外収益		92	92	92	92	92	92	1,102
営業外損失		71	71	71	71	71	70	851
経常利益		-1,987	-400	1,137	-862	-2,802	460	-2,078
税引前利益		-1,987	-400	1,137	-862	-2,802	460	-2,078
法人税等		6	6	6	6	6	6	70
当期利益		-1,993	-406	1,131	-868	-2,808	454	-2,148

(2) 資金繰り表（成行予想）

（単位：千円）

		9月	10月	11月	12月	7月	8月	合計
	繰越金残高	8,525	10,417	4,671	2,990	1,346	4,799	
経常収入	前受金発生							
	売上現金回収							
	売掛金現金回収	16,080	12,152	14,262	17,679	20,154	12,486	187,794
	雑収入	97	97	97	97	97	97	1,169
	受取利息・配当金	3	3	3	3	3	3	39
	その他				6			6
	経常収入	16,181	12,253	14,368	17,779	20,255	12,587	189,008
変動経常支出	仕入_買掛金現金支払	4,908	5,198	6,111	6,027	5,618	5,972	70,757
	外注_買掛金現金支払	1,206	1,188	1,348	1,405	1,421	1,357	16,396
	荷造運賃	741	928	1,157	982	731	1,049	11,970
	変動経常支出	6,855	7,313	8,616	8,414	7,770	8,378	99,123
固定経常支出	人件費	1,278	1,278	1,278	1,278	1,278	1,278	15,338
	役員報酬	1,440	1,440	1,440	1,440	1,440	1,440	17,280
	賞与				520	520		1,040
	法定福利費	296	296	296	353	353	296	3,671
	地代家賃	1,207	1,207	1,207	1,207	1,207	1,207	14,485
	リース料	1,565	1,565	1,565	1,565	1,565	1,565	18,784
	修繕費	214	214	214	214	214	214	2,572
	水道光熱費	137	137	137	137	137	137	1,640
	旅費交通費	52	52	52	52	52	52	625
	接待交際費	12	12	12	12	12	12	146
	広告宣伝費	71	71	71	71	71	71	850
	販売促進費	142	142	142	142	142	142	1,701
	その他_課税	561	561	561	561	561	561	6,733
	保険料	163	163	163	163	163	163	1,957
	支払利息	39	39	39	39	38	38	462
	租税公課	6	6	6	6	6	6	71
	消費税等		3,182			1,022		6,247
	法人税等		70					70
	固定経常支出	7,184	10,436	7,184	7,760	8,782	7,183	93,671
	経常支出合計	14,039	17,749	15,799	16,175	16,552	15,561	192,794
	経常収支	2,142	-5,496	-1,431	1,605	3,703	-2,974	-3,786
	経常外収入							
	経常外支出							164
	経常外収支							-164
	財務収入							
財務支出	短期借入金							
	長期借入金	250	250	250	250	250	250	3,000
	（長期借入金内訳）							
	A銀行	250	250	250	250	250	250	3,000
	財務支出	250	250	250	250	250	250	3,000
	財務収支	-250	-250	-250	-250	-250	-250	-3,000
	資金残	10,417	4,671	2,990	4,345	4,799	1,574	

図表 5 － 5 － 2　印刷関連サービス業者の改善予想

(1)　月次損益計算書（改善予想）

(単位：千円)

		9月	10月	11月	12月	7月	8月	合計
売上高		11,013	13,989	17,695	15,305	11,068	16,119	182,539
売上原価		5,676	6,767	8,598	7,682	5,868	7,770	90,391
売上原価	製造原価	6,070	7,400	8,337	7,938	6,518	7,118	90,786
	期首製品	4,315	4,708	5,341	5,080	4,711	5,362	4,315
	期末製品	4,708	5,341	5,080	5,336	5,362	4,709	4,709
売上総利益		5,337	7,222	9,096	7,623	5,200	8,348	92,147
販売管理費		6,789	6,789	6,789	7,366	7,368	6,791	82,638
営業利益		−1,452	433	2,307	257	−2,168	1,557	9,510
営業外収益		92	92	92	92	92	92	1,102
営業外損失		71	71	71	71	71	70	851
経常利益		−1,431	453	2,328	278	−2,146	1,578	9,761
税引前利益		−1,431	453	2,328	278	−2,146	1,578	9,761
法人税等		208	208	208	208	208	208	2,499
当期利益		−1,640	245	2,120	70	−2,355	1,370	7,262

(2) 資金繰り表（改善予想）

(単位：千円)

		9 月	10 月	11 月	12 月	7 月	8 月	合計
	繰越金残高	8,525	10,374	5,005	4,038	10,016	15,005	
経常収入	前受金発生							
	売上現金回収							
	売掛金現金回収	16,080	12,585	15,056	18,941	21,729	13,308	199,515
	手形期日決済							
	手形割引譲渡							
	雑収入	97	97	97	97	97	97	1,169
	受取利息・配当金	3	3	3	3	3	3	39
	その他				6			6
	経常収入	16,181	12,685	15,162	19,042	21,829	13,408	200,730
変動経常支出	仕入_買掛金現金支払	4,908	5,190	6,096	6,012	5,603	5,956	70,585
	外注_買掛金現金支払	1,206	1,186	1,345	1,401	1,417	1,353	16,357
	荷造運賃	773	981	1,241	1,074	776	1,131	12,806
	変動経常支出	6,886	7,357	8,683	8,486	7,797	8,440	99,748
固定経常支出	人件費	1,278	1,278	1,278	1,278	1,278	1,278	15,338
	役員報酬	1,440	1,440	1,440	1,440	1,440	1,440	17,280
	賞与				520	520		1,040
	法定福利費	296	296	296	353	353	296	3,671
	地代家賃	1,207	1,207	1,207	1,207	1,207	1,207	14,485
	リース料	1,565	1,565	1,565	1,565	1,565	1,565	18,784
	修繕費	214	214	214	214	214	214	2,572
	水道光熱費	137	137	137	137	137	137	1,640
	旅費交通費	52	52	52	52	52	52	625
	接待交際費	12	12	12	12	12	12	146
	広告宣伝費	71	71	71	71	71	71	850
	販売促進費	142	142	142	142	142	142	1,701
	その他_課税	573	573	573	573	573	573	6,875
	保険料	163	163	163	163	163	163	1,957
	支払利息	39	39	39	39	38	38	462
	租税公課	6	6	6	6	6	6	71
	消費税等		3,182			1,022		6,247
	法人税等		70					70
	固定経常支出	7,196	10,447	7,195	7,772	8,793	7,195	93,813
	経常支出合計	14,082	17,804	15,879	16,259	16,590	15,634	193,561
	経常収支	2,099	-5,119	-716	2,783	5,239	-2,226	7,169
	経常外収入							
	経常外支出							164
	経常外収支							-164
	財務収入						0	0
財務支出	短期借入金							
	長期借入金	250	250	250	250	250	250	3,000
	A銀行	250	250	250	250	250	250	3,000
	財務支出	250	250	250	250	250	250	3,000
	財務収支	-250	-250	-250	-250	-250	-250	-3,000
	資金残	10,374	5,005	4,038	6,572	15,005	12,529	

第6章
新しい運転資金の考え方

6-1　資金繰りから見た運転資金

⑴　ポストコロナの支援とは

　新型コロナウイルス感染拡大を受けたゼロゼロ融資などの政策金融の拡大により、多くの企業は借入を膨らませてしまった。借入金の返済負担が重い融資先に対し、経常（正常）運転資金の範囲内で短期継続融資に取り組む銀行も多いが、返済がなくベタ貸しになってしまうと、企業も返済するという意識が薄くなってしまい、借入は減らない。

　借入金を適正規模にするための方策として、最近、金融庁でもポストコロナで債務免除を求める動きがあるように感じるが、これが適用できるのはごく一部の企業に限られる。そうでない大半の企業について、銀行はどのように借入規模の適正化を図っていくべきなのか。

　これまで繰り返し提唱してきたように、企業とともに資金繰り見通しを作成し、いかに適正な借入規模にしていくかを資金繰り表で考えることが銀行の役割になる。将来の会社の姿を資金繰りの数字にして見える化していくことで、何をすべきかが経営者の腹に落ち、経営者は自ら考え行動することができる。

⑵　経常収支の「累積ボトム」で運転資金を見る

　多くの銀行では決算書上、「売上債権+棚卸資産-買入債務」の金額を算定し、これを経常運転資金としている。本来、企業が必要とする運転資金には毎月変動があるが、時間的な制約等もあり、銀行ではそこまで見られていない。

　しかし、企業の資金繰りは期中12ヶ月間、ずっと平坦ではない。ある月の

回収は少なく、その月に支払が増えるといったことも頻繁に起こる。このため、経常収支も毎月変動して安定しないのが実態なのだ。

そこで、企業が当面１年間に本業で必要とする運転資金を資金繰りから考えると、経常収支の「累積ボトム」という考え方になる。これは、毎月の本業の回収と支払の差額である経常収支を12ヶ月間累積して表示するという当社独自の考え方である。経常収支なので当然、売掛金や在庫の毎月の増減も考慮されているが、毎月の借入金の返済はここには入っていない。

> ### 資金繰りから見た１年間の必要運転資金は「経常収支の累積ボトム額」

例をあげよう。図表６－１－１のように毎月の経常収支額を加算していくことで、１年を通じた本業での資金流出の波を明確にすることができる。この企業では、期初から２月までに累計で▲55百万円の資金が流出していることがわかる。これが企業の１年間の資金繰りから見た本業で必要となる「運転資金」である。

これまでのように決算書のP/L、B/Sを見ているだけでは、この累積ボト

図表６－１－１　本業の経常収支の累積ボトム

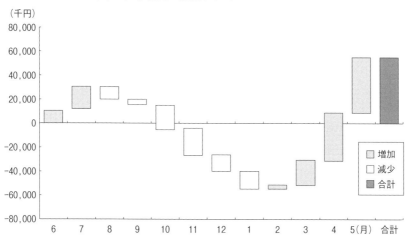

ムはわからない。12ヶ月間の資金繰り推移まで見ているからこそ、気づくことができるものである。

⑶ 借入依存体質の正体

この経常収支の累積ボトムについて、銀行員が知っておくべき重要ポイントは、これが企業の借入依存体質とつながりがあるという点だ。

私自身、これまで公庫業務なども通じ企業の決算書を2,000件以上見てきたが、なぜ利益が出ている企業でもなかなか借入が減らないのかと長年疑問であった。公庫を出て、企業の資金繰りを見ることを中心にした支援を十数年続けるなかでわかったのが、この累積ボトムと借入体質の相関関係である。

経常収支の累積ボトムが毎期大きくマイナスの企業は、借入依存に陥りやすく、このままでは、借入体質から抜け出すことができない。実は経営者もこれに気づいていないことが多く、銀行がこの現状を見える化していくことは有意義であるはずだ。そして、「累積ボトムを減らしましょう」と伝え、対策を一緒に考えることが財務に強い銀行ならではの支援になる。

ICAROS-Vを導入している銀行では、来期の資金繰り予想に基づき、短期継続融資の枠を毎年見直している。従来は、B/Sの経常運転資金をベースに短期継続融資の枠を考えていたが、この経常収支の累積ボトムの考えを取り入れ、経営者と一緒に資金繰りの見通しを立てることで、枠の設定と資金繰り改善の支援まで行っている。これにより、過剰な枠の設定となるのを避けられる。

経常収支の累積ボトムを短期継続融資の枠に活用する

さらに付け加えると、企業が借入体質になってしまうのは、税理士にも問題があると考えている。毎年の経常収支の累積ボトムまで税理士が理解していないため、決算で最終的に相応に利益が出る企業だと、税理士が「節税の提案」をしてしまう。たとえば、企業が節税のために50百万円の保険に加入すると50百万円のキャッシュアウトが生ずる。納税額が減ったとはいえ、

せっかく出た利益分のキャッシュがほぼなくなるとしたら、来期また累積ボトムが100百万円になる企業だと100百万円の借入があらためて必要になる。そして、翌期以降の決算でまた同じように別の節税商品を購入し、設備投資のための新規借入などを起こすと、あっという間に借入金は膨張してしまう。

　こういった場合、企業がまず取り組まねばならないのは、来期の累積ボトム額を予想して、「来期に必要となる資金は手元に残すこと」である。そのためには、銀行側から企業に対して累積ボトムの予想を決算前に示し、経営者と一緒に累積ボトムの額を昨年よりも減らすための方策を考えたい。こういった努力もせず、目先の節税だけを目的にすると、企業の借入依存体質は一向に改善しない。

コラム 8　当座貸越について

　毎月の資金繰りの凸凹を考えると、当座貸越は必要な時に借りて不要な時に返すことが自然とできるという意味で企業にとってメリットが大きい。「返済」という行為を経営者が意識することができるという意味でもベタ貸しより望ましく、この当座貸越を当社も勧めている。ただ優良企業でないと審査が通らないのも現実であり、企業はこの当座貸越が使えることを目標にすべきである。

6-2　企業の「実態収益」を動態的に把握

(1)　資金繰り見通しに基づく融資

　銀行の融資業務において、決算という「結果」でまだよい数値が出ていないため、業績改善途中の企業に対する融資を見送らざるをえないケースもある。当然、融資はその企業の資金繰りタイミングにあわなければ意味がない。しかし、銀行は「次の決算が出てから検討します」という回答になってしまう。たとえ過去の決算が悪くても、企業の業績のネックとなっている点

が改善され、高い確度で返済を見込むことができるのであれば、融資に取り組むことは可能なはずだ。

こういった状況では銀行が経営者から頼られ、信頼されることはない。経営者は、自社のことを理解して支えてくれていると思っていた銀行が、「苦しい時に支えてくれない」と感じてしまう。これが粉飾決算に走ってしまう原因にもなる。そうならないよう、銀行は企業の実態収益を把握して、いざという時にも支えられるようにすべきである。

業績改善の途上にある企業への融資を実現するにあたっても、「期中12ヶ月間」の経常収支の波を予想することが有効である。１年間の合計で利益やキャッシュフローが出ていても、期中の経常収支はマイナス続きで資金繰りが苦しい企業の場合、借入ができなかった場合は資金ショートの可能性もある。こうして期中にまで目を向け、業績を改善していくために融資とともに「知恵」を一緒に出したい。

そして、最後に忘れてはならないのが「経営者」である。経営者も我々と同じ生身の人間だということだ。経営者と話をする際、手元の数字ばかりに目を落とすのではなく、経営者という「人」にしっかりと目を向けることが何よりも大切になる。経営者の表情や息づかい等から、その奥にある「何か」を汲み取ることが企業の実態収益の判定においても重要になる。

(2)【事例】赤字決算でも融資を実現

ここで、銀行が業績改善途上にある企業の実態収益を把握し、融資を実行した事例を紹介したい。この製造業者は、前期決算が赤字で、直近の試算表でもコロナ禍によって依然収支は回復せず、債務者区分は要注意先に転落してしまっていた。今期着地の決算においても、まだ業況回復しない見通しであった。メイン行も前期決算をもとに格付を下げ、前向きに支援しようとしなかった。

本行はサブの取引行であったが、担当者は業況回復を数字で確認してから融資をしたのでは「社長のハートをつかめない」と考え、早期に融資を検討した。今期の着地も赤字の見通しだったため、当然、審査部からは厳しい意見が多く出されたが、担当者は、長年にわたる大手の下請けとしての実績な

ど事業性を評価し、内示書などをもとに経営者と一緒に今後の受注見通しについて固い数字を立て、その数値を資金繰り表に落とし込んでいった。

　また、原価率の10％アップなど固めの支出見通しを立て、経営者と話し合った固定費の削減効果を織り込んで、近い将来受注は回復し、資金繰りは支障なく回る見通しであることを示した。来期以降の数字を、経営者は解像度高く見ており、担当者はそれを原資料などで確認したうえで、企業の抱える課題も把握しながら、ICAROS-Vを利用し、P/L、B/Sとあわせて資金繰りの計画を経営者と一緒に立てたのだ（図表6－2－1参照）。

　これにより、期中では8月〜翌年1月の支払が先行するため、資金繰りが苦しくなるという特性が明らかになり、資金調達が必要となる時期、金額、貸出条件が明確になった。資金繰りまで見える化することで、顧客および審査部に対し、①融資する理由、②融資を回収できる根拠、③適切な貸出期間の設定について、数字を根拠にして納得性のある説明ができるようになった。

　融資後も資金繰り状況の把握はもちろん、生産コストの改善なども計画に

図表6－2－1　製造業者の回収と支払の推移（予想）

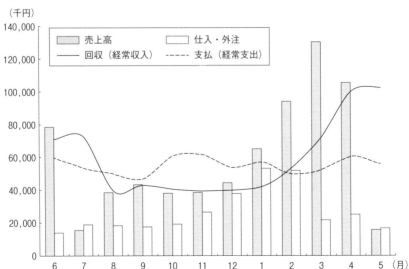

落とし込み、その進捗を共有した。最近では受注も回復し、業績は大幅に改善したが、担当者は経営者との対話を継続している。業況が苦しいなかでも一緒に見通しを立て、融資も実行したことから、経営者との信頼関係は強固になった。現在は同行が経営者の心のメインバンク、経営者のよきパートナーとなっている。

　銀行員であれば、既述のメイン行の行動は十分に納得できるのではないだろうか。しかし、それでは経営者の信頼を失ってしまいかねない。もちろん、経営者と一緒に見通しを立てても、改善の先行きが不透明なこともある。一部事業の閉鎖や店舗の閉鎖、主力取引先からの撤退といった大鉈を振るう必要のある企業も多いだろう。しかし、数字で見通しを一緒に立てることは、経営者としても心強く、経営者自身も自社の理解が深まることで改善の可能性は一層高まるのだ。

6－3　業績改善に向けた「7つのヒント」

　経営者と一緒に業績改善に向けた取組みを検討し、取組みの成果を数値化するためにヒントとなるような考え方をいくつか紹介しておく。こういった視点をもって経営者と話すことで気づきを促せる。デジタル時代であっても、経営者は銀行員と「差しで」「本音で」話せるアナログな時間を待ち望んでいるはずだ。

⑴　売上と粗利の見通し

　決算書では売上と利益を見ていくが、確認ポイントは粗利率、製造業の場合は付加価値率の同業者との比較である。粗利率（付加価値率）は、企業の「商品力」と「営業力」の差の表れである。まずは、なぜ同業と比較して高い、または低い粗利率となっているのかを、経営者と一緒に確認して現状を共有し、今後についても考えていく。製造業であれば、今後より高度な加工等ができるように人材の育成や設備投資を検討したり、他業種への進出、自社製品の開発可能性を検討したりして、中長期的な売上と粗利の見通しを考えていく。

　製品自体の付加価値に加えて、製造業では材料のロスやつくり直しの多寡

などにより粗利率（付加価値率）に差が出る。いわゆる「利益のとりこぼし」であり、これは自社で取り組み改善していくことができる。企業が不良率等を見える化し、改善に向けて取り組んでいることを今後の見通しのため確認したい。

　こういった細かい点にまで目が行き届いている企業が同業よりも高い粗利率となっている。実際に企業のなかに入ってみると、１％の粗利率改善は容易ではないことがわかる。中小企業では材料価格の高騰の価格転嫁も容易ではない。そのため、企業内部でとりこぼしを防ぐ取組みが一層重要になるので、現場を見る際にはここを確認しておきたい。

　次に、「販売先ごと」「商品ごと」の粗利益率を見ていくことで、「どの顧客」から利益をいただいているのかを明確にする。経営者も取引先ごとに見積りに目を通していることが多いため、顧客ごとの採算について大まかに把握しているはずだ。取引先ごと、製品ごとの採算を検証し、利益の源泉を確認したい。そして、それらをどう改善していけば全体の利益率がよくなるかを経営者と一緒に考えていくことが大切になる。

　企業にとってよい顧客とは、「適正な利益」をいただける先であって、上場しているかどうかがよい顧客の基準ではない。業績不振企業でよくあるのは、長年の主力取引先が不採算というパターンである。場合によっては主力取引先との取引解消も検討する必要がある。

　ただし、その場合は一時的に売上が落ちることで回収も落ち込み、資金繰りがひっ迫する可能性がある。そこで、銀行で資金繰りをシミュレーションして、場合によっては融資まで検討したい。企業も取引を解消すべきことを認識しているが、資金繰りが維持できなくなるため、抜本的な対策がとれず長年低迷を余儀なくされているのだ。特に大手企業と取引している企業では、こういったこともあることを知っておき、改善策について経営者と一緒に検討したい。

　また、主力先との取引解消を実行する場合には、固定費を大幅に削減しない限り、新たな受注をとらなくてはならない。この見通しが立ってからでないと、なかなか取引解消を実行できないため、経営者にとっても大きな決断

が必要となる。しかし、銀行が資金繰りまで一緒に見ていれば、融資などで後押しもできるはずだ。

> ### 資金繰りの見通しをつけてから不採算先との取引を見直す

⑵　利益率が低い受注をとる戦略

　先の⑴とは逆に工場など大きな施設を抱える製造業などでは、「現在断っている」利益率の低い案件を受注する戦略をとるべき場合もある。

　まず、企業の「過去最大の売上高」を経営者と一緒に確認したい。工場や機械などの固定資産並びに人員体制などに大きな変化がなければ、現状の売上高と過去最大の売上高から、まだ受注余力があることもわかる。そのうえで、現在断っている受注がどれくらいあるかを確認する。

　たいていの企業は「利益率が低いから」という理由で断っている。しかしながら、固定費が変わらないとしたら、これを受注したほうが限界利益額は増え、業績は回復する。たとえば、ある醤油メーカーは、自社ブランドの商品で高い利益率を確保しながら、スーパーマーケットやコンビニエンスストアの利益率の低いOEMも受注し、設備の稼働率を上げて収益を確保している。

　具体的な数字で見ていこう。現状は粗利率70％を基準に受注しており、それ以下の粗利率となる受注は基本的に断っていたとする。また、この企業の過去最大の売上高は100百万円であったとする。前期決算では、▲5百万円の赤字となっている（図表6-3-1参照）。

図表6-3-1　現状

（単位：百万円）

売上高	50
変動費	15
限界利益	35
固定費	40
利益	▲5

図表6－3－2　断っている案件を受注した場合

（単位：百万円）

	既存	新規	合計
売上高	50	20	70
変動費	15	10	25
限界利益	35	10	45
固定費	40	－	40
利益	▲5	10	5

　ところが、これまで断っていた粗利率50％の仕事を新たに20百万円受注すると、その限界利益10百万円を得ることができる。既存の限界利益35百万円に新規の受注が加わり、限界利益が45百万円になる。新たな受注にあたっては、固定費はほぼ変わらないため、結果として5百万円の利益を確保できる（図表6－3－2参照）。

　残業などにより固定費が若干増加する可能性はあるが、利益率の低い受注を確保することで、全体としての利益は黒字になる。このように、生産余力のある企業は利益率のよい仕事と悪い仕事を組み合わせて、既存の設備の稼働率を上げて利益を確保することがポイントになる。

過去最大の売上高を把握する

(3)　ビジネスモデルの持続性を見る

　製品・サービスの内容や市場の成長性などを確認することは当然として、銀行員として見ておくべきポイントは、資金的にも持続性があるかどうかである。

　たとえば、進研ゼミで有名なベネッセはかつて一度倒産している。以前は生徒が通信添削を提出し、その添削結果を生徒に戻したあとにお金をいただく、いわゆる後払いのモデルであったため、テキストで学ぶだけで通信添削をやらない人からは添削料をもらえなかった。また、添削料を生徒からもら

う前に指導者に報酬を支払う必要があり、指導者１人への支払は少額でも全国規模になると負担は大きく、この立替が会社の資金繰りを圧迫していた。当時、通信添削は新しいビジネスで市場も大きく成長していたが、資金繰りまで考慮しないビジネスモデルであったため、行き詰まってしまった。

　そこでベネッセは、今では当たり前の通信添削の添削料込みの受講料を先に受講生からいただくモデルに変えた。これにより、①受講生の４割近くは通信添削を提出しないため、その分は外注の添削料も発生せず利益が大きくなったことに加え、②通信添削料を含めた受講料を先にもらっているため、立替が発生しなくなった。このように、資金繰りに支障が出ないビジネスモデルかどうかによって、当然ながら企業の持続性が大きく変わってくることを知っておきたい。

⑷　3C分析の活用

　企業の戦略を検討する方法として、3C分析という手法がある。3Cとは、Customer（顧客）、Competitor（競合）、Company（自社）の３つの頭文字をとったもので、企業の置かれている状況を、競合や顧客との関係性から正しく見出すことを目指している。

顧客×競合×自社

　１つ目のCである「顧客」では、企業の製品やサービスを購入しているのはどんな人たちで、何を評価して購入しているのかを客観的に見ていく。顧客からの評価が一時的なものでなく、持続するものであるかどうか、そして、従業員がこれを意識して、さらなる向上に向けて組織的に取り組めているかどうかが重要になる。ここから継続的な売上と粗利確保の力を判断することができる。

　２つ目のCである「競合」では、競合と比べて自社の製品やサービスの優位性があるかどうかを検討する。市場での地位とシェアという考え方も重要で、ここから売上の見通しも検討できるはずだ。また、優位性を粗利率で検証することもできる。競合よりも製品やサービスに強みがある場合、より高

い価格で販売することができ、粗利率もいいはずだ。

最後のCである「自社」では、「内部管理体制」を見ていく。具体的には、売上の管理や在庫管理といった視点である。しかし、経験を積んでいかないと、その企業の管理レベルが高いのか低いのかはわからない。そこで、最もわかりやすいのが「お金の管理体制」を見るというものである。ある経営者の言葉だが、「資金繰りを管理できていない企業は、在庫管理もできない」のだ。資金繰りを管理するには、売上、仕入、在庫、人員、納税など様々なことを数字にする必要がある。資金繰り管理状況を見ることで、企業の管理体制が見えてきて、「利益のとりこぼしがない」ということもわかる。

多くの企業は管理レベルが低いため、よい製品をつくっていても利益が残らず、資金繰りも苦しいままだ。企業に必要な様々な管理機能にまで経営者の手が回らず、従業員任せになって、目に見えないコストが大きくなっている。まさに、利益を「とりこぼし」ているのだが、多くの経営者はここに気づいていない。マクロ的な経営環境の分析なども重要だが、銀行員はこの内部管理の視点をもっともつ必要がある。

⑸ 在庫増減の実態をとらえる

在庫が増えたことで経常収支が赤字になった場合、その在庫の増加が実態を伴うものであっても問題になるのだろうか。もちろん、決算期末で在庫が増え経常収支が悪化したからといって、その企業の収益力に問題があるということにはならない。

企業は決算書のために事業をやっているのではなく、顧客への納品時期など様々な事情から決算時に在庫増になることもある。たとえば、翌期首に売上が立つ案件が数件あり、納期と製造期間の関係から今期末に製造したものが在庫として計上されている場合などだ。このように企業活動を正確に表した決算では、経常収支が悪く見えてしまうこともある。

このため、経常収支は「翌期」まで考慮して見ていく必要がある。そうすると、来期は在庫から販売するので、仕入もあまり発生せず支払は少なくてすみ、資金繰りも楽になることがわかる。経常収支の実績2期だけとらえて終えるのではなく、経営者に在庫の実態をヒアリングし、翌期まで考えてこ

そ実態が見えてくる。実績2期の経常収支を見るという考え方に加えて、その先の予想1期を加えて見ることを意識しておきたい。

> ### 経常収支は実績2期＋予想1期で見る

また、企業の実態収益を見るにあたって、在庫は粉飾されやすいといった考え方に支配されてしまうと、同業者よりも在庫が多いと「粉飾されているのでは？」と安易に疑うようになってしまい、これも問題である。在庫を多くもつことが逆に強みになっている企業もあるからだ。

企業の実態収益を見る場合、過去に増えた在庫を問題視することもあまり意味がない。不良分をB/Sの自己資本から控除すること自体は正しいが、将来の実態収益と過去の不良在庫はあまり関係がない。銀行は「過去のことばかり言っている」と経営者から思われないようにすることも大切で、特に2代目など代替わりしている企業の場合、先代のことを言われ続けても経営者は嫌味にしか感じない。

重要なのは、将来において在庫が増える可能性があるかどうかだ。来年以降も在庫が増えるのであれば、その背後には往々にして組織的な問題がある。たとえば、在庫管理の発想が弱く、①仕入や販売が現場任せであるために、安全性を見て常に多くの在庫をもつ、②仕入先や販売先から言われるがまま対応してしまう、③仕入や在庫管理は担当者1人に依存していて見誤った発注が起きやすいといったことが考えられる。

こういった企業は借入が増え、いずれ過剰債務に陥ってしまいかねない。仕入れたものについては当然「支払」が発生し、在庫が売れないと「回収」できないことになり、資金繰りが回らなくなる。実態収益を判定するにあたっては、損益を見るだけでなく、このように資金繰りの視点から、将来の在庫増減の見通しを検討しておきたい。

> ### 今後の在庫増減を見極める

　銀行では減価償却不足があった場合、その額を利益から控除して実態収益を算定している。その際、法定耐用年数を基準にして償却不足額を算定するのが通常だが、個人的には継続的な収益を把握するためには「実耐用年数」で見るほうが適切だと考えている。たとえば、印刷機の法定償却期間は 4 年だが、 4 年程度しか使わないで買い換えるかというとそうではない。実際は20年以上使用しているはずだから、実耐用の償却期間を20年と見て、その期間で費用化したほうがいいのではないだろうか。

　また、償却後を考えてみると、印刷機であれば 4 年後には償却費が出ず、高収益になってしまい、それはそれで誤解を招きかねない。さらに、購入ではなくリースの場合、残価設定などにより月額のリース料は実耐用年数に近い金額になり、同じ機械を購入したとしても、購入のほうが償却期間が短く、費用が大きくなってしまう。

　収益性の高い企業であれば償却期間が短いほうが税務上は有利だが、そうではない企業が大半であり、公平に扱うには実耐用年数で見るほうがよいと考えられないだろうか。償却不足額を利益から控除することは税務会計偏重であって、銀行が実態の収益力を判断するのであれば、実耐用年数で考えて企業と対話をしていきたい。償却不足があることで安易に低収益企業と判断してはならない。

⑹　解像度を上げる

　経営者が見ている企業活動の「現場」と決算書の「数字」は、経営者の頭のなかであまりつながっていない。このため、決算書をベースに話をする銀行員とは共通言語で話ができておらず、離齬が生じている。これは私自身公庫を出て数年たって気づいたことだ。現場と数字をつなげる共通言語になるのが、月次の損益と資金繰りである。

多くの銀行員は、これは税理士の領域だと思うかもしれないが、現場と数字をつなげることは、実は税理士でも難しい。税理士は月次で数字を正しく集計し、消費税の仕訳や計算が間違っていないかをチェックすることがメインの業務である。本来は、経営者と一緒に月次の損益と資金繰りを見て、現場がどうだったか、今後はどうしなくてはならないかと、数字をもとに考える取組みが求められるが、実はそれができる税理士はほとんどいない。

また、経営者も通常業務のなか、試算表や資金繰り表をじっくり眺め、現場と数字をつなげて考える時間はなかなかとれない。税理士は毎月企業を訪問するが、多くは試算表を置いて、「今月は利益がいくら出ています」程度の話で終わってしまう。税理士も共通言語で話ができていないのだ。

銀行員が企業を毎月訪問して、月次の損益と資金繰りをもとに今後の見通しと取組み策を一緒に考えることで、経営者は現場と数字を結びつけて考えることができるようになる。また、銀行員は経営者から業界の専門用語などを教わることができる。こうして共通言語で話すことが、真の対話になるのだ。

経営の現場　↔　月次損益と資金繰りの実績
↓
見通しを経営者と一緒に数値化する
↓
お互いに解像度が高まって真の対話が実現する

---

(7) 回収と利益率に妥協しない

中小企業では、多くの経営者が「回収」と「利益率」について妥協してしまっている。そのために業績は改善せず、資金繰りにも苦労している企業が多い。安易にこれに妥協しないためには、まずは経営者自身が資金繰りの現状を認識する必要がある。銀行も資金繰り表をもとに「回収と利益率に妥協なし」の考え方を経営者と共有していきたい。

また、資金繰り見通しを企業全体で共有することも重要になる。経営者が

資金繰り見通しを立てていたとしても、それを狂わせるのが営業部門の「回収漏れ」と見積りの「値下げ」である。中小企業では得意先の都合で仕事が進んでしまう結果、自社の資金繰りが苦しくなり、借入に頼るということが多い。このため、「この回収がなかったら会社の資金繰りに『穴をあける』ことになる」という意識を従業員まで浸透させることが大切になる。

> 資金繰りの見通しがあれば、回収と利益率に妥協しない

6－4　銀行ができるB/Sの改善策

⑴　B/Sと経営管理

かつて私もB/Sというと、自己資本、固定資産、そして預金などを中心に見ていた。しかし、企業実務においてB/Sのポイントは、それらだけではないことを多くの経営者から教わった。

取引先ごとに回収条件などを管理できていないと、売掛金が膨れてしまいがちだ。また、管理体制が弱い企業では在庫が増えてしまう。つまり、売掛金や在庫は自社で徹底して管理していかないと、あっという間に膨れてしまい、借入依存の体質になってしまう。

こういったことは、実際に企業のなかに入ってみないと実感がわかないかもしれない。管理が行き届いている企業のB/Sはスッキリしていて、余計な資産もなく、借入金も適正額の範囲内となっている。

資金繰りを管理していくことで、結果的にB/Sの改善につなげられる。つまり、資金繰りの予定を立てることは、売掛金や在庫を適正にし、仮払金など不明瞭な資産科目による資金流出を減らしていくことにつながる。また、借入金の大きさや毎月の返済も考慮して設備投資と追加の借入を検討することで、無理な投資もなくなる。

> 資金繰り管理はB/S改善につながる

こういった取組みは、B/Sを「組み立てる」という考え方になる。B/Sの改善と聞くと、かつての私も含め銀行員は「P/Lで利益が出ればB/Sが改善する」と短絡的に考えてしまいがちだが、そうではない。優良企業は売掛金や在庫の管理のレベルアップを図り、自らよいB/Sにしていく、組み立てていく意識があったからこそ、このB/Sになったのだ。成行きで管理していたら絶対によいB/Sにはならない。

　しかし、多くの経営者はB/Sに自社の体質が表れていることを理解できていない。そして、B/Sをよくしていこうという発想があまりない。B/Sは過去のことであり、過去のことはしょせん「過ぎ去ったこと」という意識が経営者には強い。銀行が過去のことばかりを言うことにも抵抗感がある。

　しかし、経営者にB/S改善の必要性について伝えていくことは、やはり銀行員にしかできない。多くの企業の倒産などを見てきた銀行員だからこそ、B/Sの重要性を伝えられるはずなのだ。具体的には、経営者と一緒に資金繰りの見通しとあわせてB/Sの見通しを立て、借入金の着地予想を示すとともにB/S改善を促したい。B/Sを理解できた経営者は、経営の意思決定などにおいて非常に考えが深くなる。

⑵　B/S予想の実際

　資金繰り予想の現預金は、B/S予想の現預金と連動する。また、資金繰り予想の借入金の調達と返済は、B/S予想の借入残と連動する。さらには、資金繰り予想の売掛金の発生・回収や買掛金の発生・支払は、B/S予想の売掛金・買掛金の残高と連動する。このように、前期実績のB/Sをベースに資金繰り予想に連動してB/S予想を算出することが可能である。

ⅰ 現預金・借入金

事業活動を継続するためには、1年を通じて月末に最低「支出の1ヶ月分」の資金があることが必須となる。したがって、決算の着地においては、「月商比1ヶ月分以上」の現預金の確保が目安となる。資金繰り予想で資金不足が生じた場合には、借入を検討しなければならない。

ここであわせてチェックしたいのが、決算着地の借入残だ。資金繰り予想に組み入れた借入金の調達と返済（財務収支）をもとに、決算着地予想の借入残を確認し、借入規模が妥当かどうかを判断していく。

このように、預金残と借入規模を考慮し、安全な資金ポジションを維持しながら、将来の設備投資等に備えて適正な借入規模にしていくことが、企業の継続性を高めるためには大切になる。

ⅱ 売掛金・買掛金

資金繰り予想で作成した売掛金と買掛金の残高推移から、決算着地の残高を予想することができる。毎月の売上予想が立てられれば、取引先ごとの回収条件から今後の売掛金と受取手形の残高が予想できる。同様に毎月の仕入高を在庫の推移も加味して予想できれば、自社の支払条件から今後の買掛金と支払手形の残高が予想できる。売掛金残高には後述の企業体質が大きな影響を及ぼす。

ⅲ 在   庫

予想で在庫が増える場合、仕入高と買掛金に影響してくる。たとえば、売上の増加に伴って商品在庫が10百万円増える予想の場合、その10百万円分を追加で仕入れることになる。これは資金繰りに大きな影響を及ぼす。ただし、在庫の増減は企業体質に大きく関係するため、売上増がそのまま在庫増となるのかを考え、安易に在庫を増やさないようアドバイスをすることも必要になる。

ⅳ 固定資産

前期の固定資産の残高を見て、有形固定資産であれば資産の種類ごとに耐用年数に応じた減価償却を行うことで、残高が予想できる。無形固定資産、投資等についても、それが償却資産であれば、減価償却を行って決算着地の

残高を予想できる。

　そのほか、来期の設備投資を予想することが重要となる。大きな設備投資計画などは企業でないとわからない。しかし、企業を維持するために必要となる一定の投資を予想することはできるので、それを加えて固定資産の残高を予想する。

　以上のようなB/S予想は、現在の延長線上にある企業の未来の姿といえる。銀行員は融資先のB/S予想を見て、現状のままでいいのかと考える必要がある。具体的には、「このまま3年も経過すると、借入金が1.5倍まで膨れて不健全になる」と見通せることが重要になる。そして、その問題意識を経営者と共有し、危機感をもってもらう。それができるのは、銀行員以外にはない。

⑶　B/S予想に反映される企業体質とその改善策

　B/S予想を作成するには、その企業の体質を反映させなければならない。

　たとえば、営業部門において回収への意識が弱く、「回収が遅れがち」という企業体質がわかっていれば、売掛金残高の増加が予想できる。

　また、売掛金の回収が遅れる場合、資金繰りでは回収額が減り、支払は変わらないため資金不足に陥る可能性がある。これはB/S予想においては、「現預金の減少」または「借入金の増加」につながってくる。

　売上が成長ではなく「膨張」してきた企業においては、在庫も同様に「膨張」しがちだ。必要以上に在庫が増えると、資金繰りでは買掛金支払が増え、経常収支が悪化することとなる。

　このようにB/S予想とは、現在のB/Sに至った過程を考え、そこから企業の経営体質を明らかにし、「将来どうなるか」を考えるものだ。そこから、管理面の課題を見出し、改善を促すことが銀行の役割だといえる。

B/Sを考える＝企業の体質を考える＝管理面の課題を見出す

⑷　売掛金から見える企業の管理体制

　B/Sの科目に潜んでいる管理面の問題の例として、売掛金について考えて

みよう。多くの中小企業で資金繰りの見通しが立てられない原因の1つに、毎月の売掛金をしっかり管理できていないことがある。売掛金の「発生日および入金日」と「金額」が正確に把握できていないため、回収の予定が見えないのだ。

　売掛金の管理においては、①正しく計上すること、そして、②正しく入金されたか確認することが重要となる。

　まず、①正しい計上について見ていくと、たとえば、機械メーカーが契約書どおりに製品を納品し、検収があがれば、その日付で契約書の金額が売上に計上されるはずだ。そこで大切になるのが、営業部門から回覧される売上伝票について、経理部門が受注の契約書を確認したうえで正しく計上しているかどうかだ。たとえ契約書がなかったとしても、注文書や注文請書を見て、その金額を確認する必要がある。

　しかし、多くの経理担当者は事務的に仕事を進めるため、金額を確認するという意識が乏しい。そのため、売上伝票に記載された金額が契約書より値引きされた金額であっても、なんら問題はなかったことになってしまう。本来は、経営者も交えて、なぜ値引きに応じなくてはならなかったのか、自社の改善すべき点は何なのかをしっかりと認識しなくてはならない。

　また、取引先からの要請で、機械の部品などを後日追加でもっていった場合はどうなるだろうか。営業担当者がクレーム対応として処理してしまうと、本来計上すべき売上が正しく計上できない。経営者にとって見えにくい、こういった値引きや売上の計上漏れが積み重なって「会社の体質」となっていき、従業員もそれが当たり前になってしまう。これが業績の改善しない企業の特徴である。

　次に、②入金の管理について見ていく。たとえば、「入金日」が契約書どおりでない場合、営業部門の「相手の都合でズレた」という主張を真に受けて処理してはならない。実際、多くの企業ではこういったことが発生しているが、契約書どおりの日に入金されなかったことにはなんらかの原因があると考えるべきだ。たとえば、自社の納期遅れが原因であれば、工程管理を改善していかねばならない。

また、「入金額」は売上の計上額と同じはずだが、営業部門が値引きを承諾した場合、その情報が経理に共有されていないと入金額にズレが生じてしまう。こうした場合、営業担当者は叱責を恐れて経営者に報告をせず、経理部門に事務的な処理を依頼する。しかし、営業担当者の「今回はそうなったから」という言葉だけで経理担当者が納得し、経営者に報告なく修正してしまうと、重要な問題を見過ごすことになる。つまり、値引きの理由が品質面でのクレームだったとすると、経営者に値引きの認識がなければ、その原因となった問題を放置することになってしまう。よく経営者から「お客さんに育ててもらった」という言葉を聞くが、会社の成長の機会を失うことにならならないよう、入金の管理を徹底する必要がある。

　売掛金の管理は資金繰りに直結するとても重要なことだが、多くの中小企業では売上を伸ばすことに注力しすぎて、経営者の見えないところで利益をとりこぼしている。このため、従業員にも、売掛金について「経営者が目を光らせている」という意識をもたせることが大切になる。従業員が「どうせわからないから」「少しなら大丈夫だろう」といった認識をもっているうちは、会社に利益やお金を残すことは絶対にできない。

　まずは経営者が値引きなどに安易に応じず、売掛金を徹底して回収するという意識をもっていなければ、従業員は絶対に妥協してしまう。業績の改善しない企業は、ここに徹底して取り組むことが第一歩となる。銀行員も決算書で売掛金の回転期間などを見て「問題なし」とするのではなく、資金繰りや業務の流れまで掘り下げて見て、売掛金の計上と入金の管理における課題の把握につなげるべきである。

コラム

10 B/Sの科目を減らす効果

　ある優良企業の経営者のB/S改善への取組み事例を紹介したい。その企業は3代目となる製造業者で、現経営者が先代から引き継いだ際にはB/Sに不明瞭な科目が多くあった。そこで、毎年の決算で「B/S科目を1つずつ減らしていく」という目標を立てた。B/Sを自分がわかる内容

にしていくというのは、資金をムダに放置せず、本業に資金を効率的に活用していくために大切な取組みといえる。

　多くの経営者は自社のB/Sを理解できていないが、これは税理士が「会計上の都合」により科目を増やしすぎてしまったため、B/Sが複雑化したという側面もある。特に後継者は、なぜこの科目があるのかもわからないで事業を引き継いでいるが、多くはP/Lの売上と利益に目がいくため、B/Sはそのままというケースが大半だ。また、前期とのつながりもあり、手間になるため、税理士が科目を減らすという提案をすることはまずない。

　そうなると、B/Sの改善を促せるのは銀行員しかいない。資金繰りの見通しとあわせてB/Sをあらためて一緒に見直し、B/S科目を減らす取組みのなかで資金繰りの障害となっている根本原因を見つけることもできる。私自身、公庫にいた時は、B/S科目は税理士が適正に処理した結果だと考えていたが、実際はそうではなく、ただ放置されていることも多いのだ。これらは、経営者の考え方1つで変えていくことができる。逆に経営者が強い意志をもたなければ、B/Sが変わることは絶対にない。

第7章
新しい銀行の時代

7 - 1　新たなコンサルティングサービスの可能性

(1)　与信管理からコンサルティングサービスへ

　銀行がこれまで「審査業務」を通じて培ってきた知見・ノウハウを、今後は支援業務に活かすことができると私は考えている。その根拠の1つとして、金融庁が発した2022年6月の企業アンケート調査の結果がある（図表7 - 1 - 1参照）。金融機関に手数料を支払っても受けたいサービスのなかで、「事業計画の策定支援27.1%」「財務内容の改善支援22.3%」「資金繰り表の作成支援16.1%」がある。これらは、銀行員の審査スキルの延長でできるものといえないか。

　銀行の企業支援というと、これまでは専門家を紹介することが多かったと思うが、専門家に丸投げして終わりでは責任感が薄くなる。銀行員が自分事として可能な範囲で様々な対応をすることで自然と業務の幅を広げることができるし、経営者から感謝されると仕事も面白くなり、ますます自ら学ぶようになっていく。

　ただし、企業にはそれぞれの組織における長年の習慣があり、それが「決算書の数字」に表れている。まずはその習慣に目を向ける必要があり、それをせずに一足飛びの提案をしてはならない。問題が長年、放置されているのは、人、管理方法、業務の流れと習慣（思い込み）が複雑に入り交じり、簡単に解決できないからだ。そういった点まで理解しようとする姿勢がなければ、経営者の心に響く提案にはならない。

　現在の優良企業は、ずっと好調だったわけではなく、やるべきことを地道に長年継続してやってきたから、苦しい時期を乗り越えて優良企業になって

図表7-1-1 金融庁による企業アンケートの結果

Q.（それぞれの事業継続の方針に沿って）今後、金融機関から受けたい
サービスはありますか（各複数回答可）。

今後金融機関から受けたいサービス

サービス	割合 (%)
資金繰り表の作成支援	14.5
事業計画の策定支援	17.0
財務内容の改善支援	23.9
経営人材の紹介	23.1
取引先・販売先の紹介	56.2
業務効率化（IT化・デジタル化）に関する支援	30.6
事業転換に関するアドバイス・提案	12.2
事業承継に関するアドバイス・提案	27.1
廃業のためのアドバイス	3.3
各種支援制度の紹介や申請の支援	54.5
気候変動リスクに関する支援	6.1
その他	4.1

全体（n＝8,699）

上記サービスのうち、手数料を支払ってもよいと考えるサービス

サービス	割合 (%)
資金繰り表の作成支援（n＝1,261）	16.1
事業計画の策定支援（n＝1,481）	27.1
財務内容の改善支援（n＝2,083）	22.3
経営人材の紹介（n＝2,012）	48.3
取引先・販売先の紹介（n＝4,887）	35.9
業務効率化（IT化・デジタル化）に関する支援（n＝2,658）	36.4
事業転換に関するアドバイス・提案（n＝1,064）	31.3
事業承継に関するアドバイス・提案（n＝2,354）	32.5
廃業のためのアドバイス（n＝290）	30.7
各種支援制度の紹介や申請の支援（n＝4,739）	23.4
気候変動リスクに関する支援（n＝527）	20.9
その他（n＝356）	29.8

全体

いるのだ。私も公庫にいた時は、業績の苦しい企業は今後も同じだろうという先入観があったが、経営者が様々な取組みに着手して1年でも成果を出すことを見て、企業は大きく変われると実感した。かつての私のように、傷に塩を塗るような対話では、経営者から改善に向けた取組みを引き出すことなどとうていできない。スコアリングの数字だけを見て、「よい企業」「悪い企業」と評価して終わりにしてはならない。自分が関与することで「よい企業」になってもらおうと、まずは考えたい。

> **取引先企業は変われるとまずは理解する**

コラム 11　ロマンチストとリアリスト

　私自身を振り返ると、金融機関時代はリアリストの面が強かった。その後、公庫を退職して自分の会社を立ち上げ、従業員も増えると、大きなビジョンを掲げるようになった。それは、全国の銀行を通じて日本の中小企業を支えたいということだ。公庫にいた時は救えなかった企業も多くあったが、今ならICAROS-Vの仕組みを使って多くの企業の成長をサポートできると確信している。

　銀行が相手にしている経営者は、事業の成長や社会への貢献といった大きなビジョンをもつ情熱的な「ロマンチスト」である。しかし、冷徹な「リアリスト」の面ももっている。ビジョンを描くロマンチストでありながら、損益や資金繰りを見て従業員をマネジメントするリアリストでもあるのだ。経営者はビジョンを語る言語とマネジメントを語る言語の2つを自在に操る、特殊なバイリンガルだといってもいい。

　多くの銀行員はリアリストの面は強いが、ロマンチストの面はあまり強くないだろう。こうした考え方の相違から、共通言語のないなかでの対話になっている可能性もある。銀行員も損益や資金繰りの話だけではなく、企業を支え、地域を支えるというビジョンをもっと語ってもいい

のではないか。それがあってこそ経営者の共感を得て、真の共通言語で話ができるようになるはずだ。

(2) 板橋モデルとは

橋本卓典氏の最新著書『地銀と中小企業の運命』第8章に、企業支援のあり方として「板橋モデル」が紹介されている。元経営者の中嶋修氏によれば、「外科治療の企業再生、事業再生のプロは多いが、内科治療の経営改善を担うプレーヤーが圧倒的に少ない」が、この内科治療は、銀行が現在当たり前のようにやっている「事業性評価」と「資金繰り支援」をもう一歩踏み込むことで実現できる。

つまり、事業性評価で事業内容や商流をしっかり理解し、資金繰りで未来を数値化していくことで、経営者の改善意欲を引き出すことができるのだ。中嶋氏は「財務資料は過去の話です。金融機関も分析をしますが、過去の問題点ばかりを指摘しがちですよね。私たちは「未来の話」をするために、これからの資金繰り表を作成します。なぜならば「頑張れば、今より必ず良くなる」と、経営者に希望を持って、行動変容をしてもらうことが経営を変えていく上で、何よりも大切だからです」と語っている。

経営者は、先の見通しがあることが安心材料になり、やるべきことが現場ごと（製造や販売）に見えれば、事業意欲を高めて奮起することができる。問題が整理され、経営者がその気になったら「即行動」できるのが中小企業のよいところで、経営者が本気になったらブルドーザーのように一気に改革を推進できる。

銀行は資金繰り見通しを立てることで取引先内部のからまった糸を解きほぐし、改善策を引き出し、行動につなげていくことができる。このままでよいのか、それともメスを入れるのは営業なのか、工場なのか、本社経費なのかと経営者の真横で一緒に考えることで、経営者も「支えがある」という安心感をもつことができる。こういった「内科治療」は継続的に企業に接することができる銀行ならではのコンサルティングのモデルになる。

これは、経営者の運転する車の助手席に銀行員が乗っていることで、経営

者だけなら見えていなかったことに気づき、不慮の事故を防げる可能性があるということだ。こういった存在は経営者にとって貴重であり、コンサルティング会社であれば当たり前のように有料のサービスとなる。また、有料にすることで、銀行員にも責任感が芽生え、経営者に真剣に向かおうという気持ちになる。

⑶　実際の取組み例

　近年、銀行のコンサルティングの取組みは本格化しており、M&A、ビジネスマッチング、事業承継、事業計画策定、人材紹介などでの手数料も銀行収益の大きな柱になってきている。ここで日本金融新聞（ニッキン）に掲載された銀行のコンサルティング事例について見ていきたい。

⑴　富山第一銀行の事例

　「富山第一銀行は、法人向けのコンサルティングを高度化している。当初は経営計画の策定を入り口としていたが、必ずしも計画策定を前提とせず顧客の課題や夢などに寄り添うコンサルを志向。1社1社オーダーメイドで成長や改善の伴走支援に取り組む。

　同行は2019年に法人コンサルティングチームを発足。取引先企業に対するコンサル活動を本格化した。経営計画の策定から、売り上げ拡大、業務効率化、事業承継、人事戦略構築などを支援する。

　計画策定と、その後のモニタリングを軸にこれまで約60社と契約。さらに10社程度と交渉が進む。21年度の手数料収入の目標は20年度実績の3倍となる9,000万円。「上期については達成」（法人コンサルティングチーム）しており、22年度は1億円を目指す。

　19年から経営計画策定をコンサルの第一歩としてきたが、企業によって計画策定が必要なケースと不要なケースがあるため、「『計画を作りましょう』ではなく、お客さまの望みに寄り添い実現に向けた支援をする」（同）スタンスに変わりつつある。

　食品卸売業者（富山県）の案件では、栄養食品製造の新事業展開を支援した。もともとは新事業に向けた本部機能の強化が発端だったが、銀行のネットワークを生かして事業再構築補助金の活用や工場建設、さらに工場建築を

請け負う建設会社が運営するフィットネスジムでの栄養食品販売までサポートした。

　一連の取り組みを銀行だけで完結することなく、ノウハウを食品卸業者と共有しながら進めることで、本来の目的だった本部機能の強化にもつなげた。

　現在の法人コンサルティングチームは15人体制。年々増員しているが、チームだけでカバーするのは限界がある。同行訪問や研修を通して、計画策定、課題発見など営業店の行員のコンサル力向上にも取り組む。」（2021年12月9日）

(ii)　鹿児島銀行の事例

「鹿児島銀行は、事業承継の手法に悩んでいた電子部品加工のやなせ（鹿児島県出水市、年商約15億円）に対して、ファイナンスとコンサルティングの両面から支援を行い、オーナー（創業者・株主）から役職員への円滑な株式譲渡を実現した。株の買い取り資金として数億円の融資をプロパーで実行、同社のメイン行になった。

　小規模事業の承継では後継者個人に株の購入資金を融資すれば済むが、資産規模が数億円に上る同社では、個人への融資額が大きくなりすぎて難しい。そこで、相談を受けた同行地域支援部では、MEBO（マネジメント・アンド・エンプロイー・バイアウト＝経営陣と職員による借入金を利用した企業買収）の活用を提案した。

　スキームは、まず経営陣2人と従業員3人の5人に、合計300万円を出資したSPC（特別目的会社）を設立してもらう。そこに同行が融資を行い、SPCはその資金でオーナーから株を買い取り、同社を一時的に子会社化する。株の大半は融資の担保となるものの、後にSPCと同社が合併することで、5人が同社株主になる仕組み。

　計画の実現にあたって同部は、オーナーと交渉して株価を設定したほか、収支予測や返済計画・事業計画の見直し、弁護士を交えた契約書の作成など、約1年半にわたる支援を行った。コンサル料は融資額の数パーセント。

　契約書の締結日である融資実行日の8月31日には、経営陣からオーナーに

花束が渡されるなど、和やかに事業承継が実現。新社長は「銀行に相談して
よかった。今後もサポートしてほしい」と感謝を述べた。同部経営コンサル
ティング室の原口健室長は「経営相談に応じた結果が融資にも結びついた」
と振り返る。今後は、同社のデジタル化や販路拡大の支援に取り組んでい
く。」（2023年 9 月22日）

ⅲ　常陽銀行の事例

　「常陽銀行は有償の事業計画策定支援サービスを強化している。法人向け
のコンサルティングサービスの一環で、経営ビジョンの可視化を目的に計画
を策定し、課題解決に向けたアクションプランにも着手。既に約30社と契約
し、法人役務手数料の拡大につなげている。

　事業計画策定支援サービスの主対象となるのは地域の中核企業。支店には
あらかじめ年商10億〜100億円などの条件を示し対象先を選定してもらい、
コンサルティング営業部リサーチ＆コンサルティング（R&C）グループのコ
ンサルティングチーム 7 人が実務を担当。日本政策投資銀行やコンサルティ
ングファームの出向経験者を揃えている。

　第一段階は現状分析。外部環境や事業構造などを定量的に分析する。経営
者や実務メンバーへのヒアリングも行い、人材やIT、SDGs（持続可能な開発
目標）といった経営課題を浮き彫りにする。第二段階では課題を事業計画に
落とし込む。最終段階として解決に向けたアクションプランに着手し、外部
の提携先を紹介したり行内機能を活用したりする。

　計画策定の過程で見えてくる潜在需要にも対応する。資本性ローンやシン
ジケートローンの必要性があると判断すればファイナンスグループ、事業承
継やM&Aのニーズがあればアドバイザリーグループのように同じ部署の他
グループとの連携し、課題解決に結びつける。

　改善点を見直して2020年度下期から再スタートした事業計画策定支援サー
ビスは、競合が激しい中核企業への差別化戦略としても有効で、コンサル
ティングメニューのなかでの役割が一段と高まりそうだ。

　なお、めぶきフィナンシャルグループの2021年 4 〜12月期の法人役務（ 2
行合算）のうち、事業支援関連手数料では「事業計画策定支援」が 5 億2,000

万円と、トップのビジネスマッチング（6億8,000万円）に次ぐ水準に達している。」（2022年3月7日）

7－2　ICAROS-Vを活用した銀行のコンサルティング

⑴　銀行による財務改善支援

ICAROS-Vには、資金繰り予想をもとに企業を支援してきた十数年間のノウハウが入っており、誰でも資金繰り分析等、予想に基づいた対話ができる仕組みになっている。銀行がICAROS-Vを使って融資業務を効率化できることは既述のとおりだが、さらに進んでコンサルティング業務を展開することが可能になる。

具体的には①月次損益および資金繰り計画の策定、②毎月の継続モニタリングによるB/S改善支援である。この支援を通じて企業に深く関与し、追加で各種ソリューションの提案につなげていくこともできる。

モニタリングにおいては、定期的な面談を今までのような単なる業況ヒアリングで終えてはならない。実績の試算表をもとに、先の見通しまで数字で示して対策を一緒に考えることが重要になる。このような取組みは、経営者にとって非常に価値があるといえる。営業部門や工場の責任者にも参加してもらい、計画の進捗状況を毎月確認し、決算着地がどうなるかを数字で共有し、追加の取組み策を皆で考えていく。この繰り返しによって計画の実効性は高まっていく。

こういった取組みを毎月継続していくと、経営者は「今のままでは目標利益に到達しないから、残り8ヶ月はさらに売上を5％アップした計画にしたい」等と自ら考えられるようになる。その際は経営者と一緒に、5％アップをどう達成するのか考えていく。

粗利についても、たとえば、4ヶ月間の実績33％でも原材料の値上がり分を吸収できているが、このままでは決算着地で「目標の利益と資金残にならない」ことが見えてくる。その場合は、経営者と一緒に粗利のアップ策を考える。

これらは経営者に課題を投げかけて、具体策を引き出していくのだ。そし

て、具体策が見えてきたら、決算着地までの粗利率を35％と設定して、決算着地の損益と資金繰りを一緒に確認し、この数字の実現可能性を高めていく。このように、毎月状況を見ながら、数字と取組み内容をあらためて確認し、今後の対策を考えることを繰り返すことで、成果につなげていくことができる。

　ある銀行は、これまでの過去を見る決算書とは違い、未来の資金繰りを使って経営者と話すことで、「対話の質と量が大きく変わった」と言っている。資金繰りの見通しをもとに話すので、足もとの経営の厳しい実態が見え、経営者が真の悩みを吐露するきっかけにもなるのだ。

月次ベースでの損益・資金繰り計画を銀行が一緒に作成する

↓

毎月のモニタリングで今期の着地までの損益と
資金繰りをあらためて示す

↓

現場での取組み内容の再検討＆効果を数字にして示す

　資金繰り表を見ながら経営者と話をしていると、数字が腹落ちしたことがわかる瞬間がある。「顔つき」が大きく変わるのだ。そうなると面白いもので、数字が次第に現実になっていく。銀行員は、資料作成力やプレゼン力といったテクニックを学ぶ必要はなく、これまで蓄積してきた数字を見る力と対話力を、少し切り口を変えてそのまま活用できる。経営者に数字を腹落ちさせることが絶大な効果を生むことを知るべきだ。

　ICAROS-Vの資金繰り予想を活用することで手間なく効率的に「数字」と「現場」をつなぐ対話ができ、経営者と銀行が自然と共通言語で話せるようになる。銀行は未来の資金繰りを起点とすることで、企業との信頼関係を構築できる。

コラム **12** 銀行OBに期待される仕事

　ある銀行のOBで、退職後、中小企業の経理部長になった方と話す機会があった。我々のシステムで出した資金繰り予想と月次P/L予想を見せたところ、このOBは「私が主にやっていることがまさにこういったことで、経営者と先の見通しを立て資金繰りに支障のないようにすることだ」と言っていた。

　つまり、企業にとって借入が必要なタイミングを示したり、現状を踏まえて決算着地までの損益見通しを示したりすることが銀行OBに期待された仕事なのだ。こういった数字があることで、経営者も現在やるべきことを考えることができるし、根拠があるので現場に指示を出しやすくなる。

　このように考えると、やはり銀行がやるべき支援とは、付け焼き刃で学んだ工場の段取り改善などを指導することではなく、企業の財務を多く見てきた経験を活かし、数字で見通しを立てていくことではないか。銀行員なら経営数値の分析が身についているはずで、それは銀行以外ではあまり身につかない特別な能力だともいえる。

⑵　事業構創マップで「事業」と「数字」の関係を紐解く

⒤　事業構創マップの目的

　銀行員は数字から事業活動をイメージしてとらえられる点が強みだが、それをもう一歩具体化させるには事業構創マップ（以下、マップ）が有効となる。これを活用すれば、損益および資金繰りの数字と事業活動を結びつけることができ、なぜこのような損益や資金繰りになっているかを事業面から解明していくことができる。そして、この事業活動から「未来の数字」を考えていくことが可能となる。

事業構創マップの目的：事業活動と「数字」のつながりを明確にし、未来の姿を一緒に考える

次に、マップを作成する際のポイントと事例を解説したい。

(ii) **マップ作成のポイント**

① **損　　益**

損益における重要な指標として、「1人当たり付加価値額（付加価値額÷従業員数）」がある。これが同業他社に比べて低い場合、マップをもとにヒアリングすることで、課題がどこにあるかが見えてくる。そして、経営者との対話から判明した課題をマップのブランチとして表現し、改善策を検討できる。

② **資金繰り**

まずは企業の資金繰り体質を表している「経常収支の累積ボトム」をもとに、得意先との取引継続の可否や取引条件の改善を検討する。また、在庫もこのボトムに大きな影響を与えるため、在庫のもち方や仕入方法についても現場を見て把握する。このようにマップを活用することで、12ヶ月間の資金繰りの実態を把握できる。

③ **改善の数値設定**

ICAROS-Vの資金繰り表では、自動で出る成行予想に加えて、改善項目のパラメータ設定ができるようになっている。たとえば、売上高や仕入原価率などについて、経営者と一緒にマップを活用しながら目標数値を考え、それを資金繰り予想に反映できる。マップを活用することで、ただ目標売上や利益の数値を設定するのではなく、具体的な取組み内容をあわせて検討したうえで目標の数値を設定できる。

(iii) **インタビューの方法**

マップを活用することで、新人でも経営者に対して事業全体を漏れなくヒアリングしていくことができる。たとえば、「納期管理」という項目からは、①納期の遵守体制、②納期優先による予定外費用の発生、③営業の納期交

渉、というブランチが伸びており、それぞれの取組み状況をヒアリングすることで、企業の納期管理がどのように行われているのか、課題は何かが見えてくる。また、ここから納期管理の実態が収益と資金繰りにどう影響を与えているのかを見出すことができる。たとえば、経営者にヒアリングした結果、納期遅れが多発し、納期に間に合わないため外注に出して対応しているケースが多いことが見えてきたとしよう。納期遅れは同社の低収益体質と資金繰りに影響を与えているはずだ。外注に出せば、自社で生産するよりコストがかかるはずだし、資金繰りについても、たとえば、15日に納品できれば来月末回収のはずが、外注先の都合で納期が1日遅れることで回収が1ヶ月も後ろ倒しになってしまう。

　そこで、納期遅れの原因について、さらにヒアリングすることが必要になる。工場の生産が間に合わないことが原因であれば、設備投資を行って生産性を上げていくことや、従業員の教育体制などを経営者と話し合うことになる。営業部門が無理な納期で受注することが原因であれば、営業と工場がコミュニケーションをとりやすいクラウドサービスを導入してギャップを埋めるという提案もできる。そして、経営者と一緒に優先的に「何に取り組むか」を決め、「目標数値」を設定して進捗を管理していく。

(iv)　【事例】事業構創マップを活用した計画策定

　事例企業は食品製造業者で、百貨店のお中元やお歳暮シーズンに需要が高まる、季節商品を見込み生産で製造販売していた。まず1人当たり付加価値額を見ると、5百万円／人と業界平均の7百万円／人よりも低い数値となっている。また、資金繰りの「経常収支累積ボトム」を見ると、11月が▲51百万円となっていた（図表7 - 2 - 1参照）。

　同社は、お中元とお歳暮の時期に大きく売上が伸びる反面、1〜6月は売上が落ち込むとともに、メインとなる原材料の仕入のために支払が大きくなる。このため、経常収支も6月までマイナスが続く。お中元の売上で7〜8月は経常収支がプラスになるが、秋口からお歳暮に向けた生産が本格化するため、仕入支払などが多くなり、経常収支の累積ボトムは11月にくる。経営者は長年、「7月までは仕方がない」とあきらめていた。

図表７－２－１　食品製造業者の経常収支累積ボトム

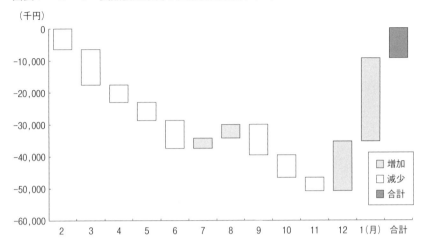

（千円）

凡例:
- 増加
- 減少
- 合計

横軸: 2　3　4　5　6　7　8　9　10　11　12　1（月）　合計

　そこで、低い付加価値生産性と資金繰りの体質の改善策について、経営者とマップを見ながら検討していった。その結果、経常収支のマイナスが続く時期に他業種メーカーとのコラボ商品を販売することや、外国人観光客向けの商品を開発することなど新たな方向性が見えてきた。これにより、２～５月の売上目標を前年比120％と設定することができた。

　また、見込み生産の業態であれば、在庫管理について「販売予測の精度」という切り口がマップに記載されているため（図表７－２－２参照）、販売予測の実態について経営者にヒアリングした。その結果、生産体制が従業員任せとなっており、生産ロットが大きく在庫に残りやすいという問題が見えてきた。そこで、工場の残業負担と在庫負担を天秤にかけ、これまで以上に「小ロット」で生産するためにはどうすべきかを検討し、現場が小ロット生産に納得したため材料原価率１％、材料在庫５％ダウンの目標を設定した。

(ⅴ)　**企業のなかに入ったモニタリング**

　マップを活用して経営者と一緒に事業の現状と先行きを話し合うだけでなく、営業部長や工場長などにもヒアリングすることで想像以上の情報が集まる。現場の生の情報のため、用語もその企業独自のものが多くなるが、臆せずに意味合いや内容等を聞くことで当該企業をより深く理解できる。

そして、取組み事項を検討し、期限と責任者を決めて実行を後押しする。このように「改善項目の特定」と「目標数値の設定」が可能となり、それを反映した月次損益と資金繰りの計画がICAROS-Vで簡単に作成できる。

　なお、具体的な取組み事項について「誰が、何を、いつまでに」といったことをマップに記載すると、このマップだけで毎月の面談における計画の進捗管理が行え、わざわざ提案書や進捗報告を作成する必要はない。また、これを従業員とも共有することで、経営者と一緒に企業のなかに入って自然と進捗確認ができるようになる。

コラム
13 **数字から離れる意識をもつ**

　かつて私のいた公庫の経営改善支援の部署では、決算10期の分析から入り、製造部門と販売部門へのヒアリングを行って課題を特定し、それに対するソリューションを提案していたが、今振り返ると似たような提案ばかりになっていたと感じる。

　決算書から入ると、「在庫が多い」「外注費が大きく収益性が低い」といった問題点は読み取れる。しかし、企業が現在の状況に至った背景をしっかり理解しないまま、「在庫を減らしてください。提携している在庫管理システムがあります」といった提案をしても解決にはつながらない。活用する人の意識が変わっていないと、ムダに終わってしまう。

　決算書偏重型の銀行員がもつべきマインドとしては、「決算書だけでは企業の課題はわからない」くらいがいいだろう。私も決算書をもとに仮説を立てるが、現場との対話から課題を考えていくため、決算書は横に置いておく程度になる。数字に強い銀行員だからこそ、あえて「数字から離れる」勇気をもち、そこで「働く人」にもっと近づく意識が大切になる。

図表７－２－２　食品製造業者の事業構創マップ

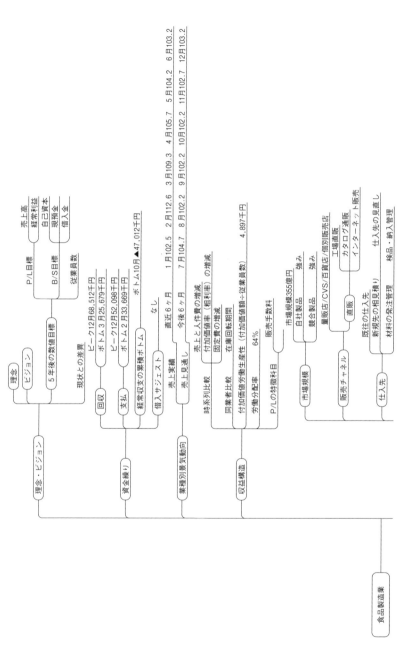

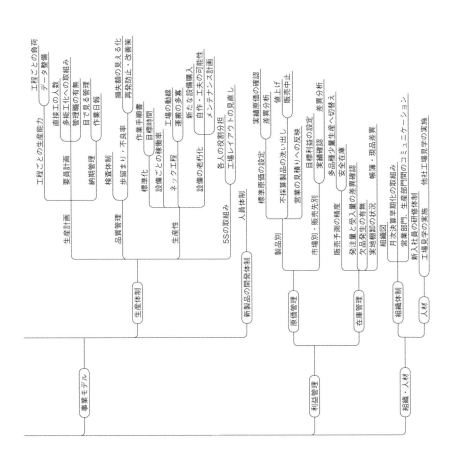

⑶ 借入依存体質からの脱却

　ポストコロナで銀行がやるべきことは、企業が過剰債務を解消できるよう支援することである。たとえば、「経常収支の累積ボトム」が大きい企業であれば、資金繰りの管理をしていかないと「過剰債務」に陥るリスクがあると伝える必要がある。ポストコロナでは、銀行はただ資金がショートしないようにするための融資ではなく、企業のB/S改善につながる融資と知恵が求められる。こういった取組みによって取引先の健全性を高めていくことが、融資とあわせて今後の銀行の大切な役割といえる。

　ICAROS-Vでは「経常収支の累積ボトム」が自動的に表示され、12ヶ月間の資金繰りの波が「借入体質」につながっていることを経営者に示すことができる。そして、この借入体質からの脱却を目指し、経営者をはじめ従業員も交えて具体策を話し合っていく。これは与信管理上も重要なことだが、銀行独自のコンサルティングにもなりうる。これまで経営者も気づいていなかった本業のキャッシュアウトの最大値を見える化したことで、この改善の具体策と目標数値を検討できるのだ。

　なお、銀行で力を入れているビジネスマッチングも、この資金繰りを見て、累積ボトムの解消に向けて最も効果的な時期の販売支援を行いたい。前項の事例でいえば、12ヶ月で入金が落ち込む2〜5月に「新商品の販売や新規取引先の獲得ができないか」というような営業面の話をして、取引先とのビジネスマッチングにつなげることも効果的だ。

　また、同じく前項の事例でいえば、事業構創マップでヒアリングしていくことで、①新たな仕入をせず、冷凍の材料在庫を使って価格を下げた商品の開発を行うといったことや、②百貨店からの受注をあえて減らし、在庫をもたないようにすることも話し合える。こうした提案は、年間の資金繰りまでわかっている銀行員だからこそできるものになる。そして、ICAROS-VでP/L、B/Sおよび資金繰りの計画を作成して、進捗状況をモニタリングしていく。

⑷ B/Sシートの活用

　ICAROS-Vでは資金繰りの見通しを経営者と一緒に立てながら、決算着地

の売掛金や在庫といったB/S科目がどのようになるかを見える化する。銀行員は経営者との毎月の面談のなかで、資金繰りの実績とB/Sの実績を見ながら目標と比べて現状はどうかを話し合っていくことができる。販売先や仕入先との取引はこのままでいいのか、来期はどうしていくべきかなどを協議することが、経営管理の強化につながる。

経営者がB/Sについて考える機会は普段の企業活動のなかではあまりない。税理士は税金の計算と節税がメインの業務であり、B/S改善の手法やノウハウをもっていない。銀行員が経営者と一緒に資金繰り計画に加えて売掛金や在庫まで見ていくことで、間違いなく経営者のB/Sへの理解は深まっていく。それが資金繰りの改善につながるのだ。

銀行員は融資の審査という目線から資金繰りを理解することができ、B/Sの審査ポイントを徹底的にたたき込まれてきたはずだ。こういった知見を企業審査だけで使うのではなく、もう一歩踏み込んで「資金繰りとB/Sの改善支援」に取り組むべきなのだ。銀行の審査力は銀行ならではの強みであり、これを活用しない手はない。

優良企業では、借入金を今期はいくらにするか、決算期末の預金をいくら残すのかなど、B/S上の科目について目標を設定している。あるいは、自己資本比率を3年後には40％にするため、今期は利益としていくら出さねばならないかと考える。そこから販管費と粗利率を考え、取引先ごと・製品ごとの売上を計画していく。このように、優良企業は先にB/S目標を設定することから始め、次に取引先ごとの売上目標に至っている。

多くの中小企業では、B/Sの目標まで考えられていない。このため、銀行からB/Sの目標を示し、借入過多の企業に対しては、借入の返済まで織り込んだ資金繰りの計画とB/S計画を作成して借入を減らしていくことも支援したい。ICAROS-VではB/Sシートで目標の姿をイメージし、そこから資金繰り計画へ展開していくことができる（図表7－2－3参照）。

図表7－2－3　ICAROS-ⅤによるB/S予想　　　　　　　　　　　（単位：千円）

実績 B/S

流動資産 20,816	流動負債 5,838
	固定負債 15,857
固定資産 9,089	自己資本 8,210

予想 B/S

流動資産 25,816	流動負債 5,838
	固定負債 14,857
固定資産 8,089	自己資本 13,210

・実績と予想のB/Sの図が出るため、経営者と一緒に目標を視覚的に考えることができる。

・B/Sの重要性を伝えるには、資金繰りとあわせて、着地のB/Sはどうなるか示すことが有効となる。

コラム
14　**銀行を卒業させる**

　　銀行は企業の成長を一番に考え、いずれ銀行を卒業させるくらいの気概をもってもよいのではないか。そうすれば企業は必ず、「地元の○○銀行に世話になった」と周囲に言ってくれる。これこそが銀行の未来のために重要なことなのだ。今後、銀行は融資だけではなく、新しい業務で稼ぐことになり、投資銀行業務では、このような融資から卒業した企業が顧客になる。たとえは悪いが、生け簀に入れて囲い込み、貸付を継続して借入依存のままにするのではなく、鮭のように放流して海に出しても、また自ら川（地元）に戻ってくるような企業を育てることが重要ではないだろうか。

7－3 税理士との協業における留意点

　多くの銀行は、地元の税理士と提携して取引先の支援に取り組んでいる。企業をよい方向に導くという目的において両者の考えは一致するはずだが、そうならないことがある。それは節税についてである。

　経営者はできるだけ税金を低く抑えたい。税理士事務所は、保険など節税商品を紹介すると馬鹿にならない手数料が入ることもあり、節税の提案を積極的に行っている。税理士が経営者に提案することは、信頼関係ができているため、かなりの割合で採用される。節税自体を否定するつもりはないが、それが本当に企業のためになっているのか、銀行員の目線で経営者に伝えておきたい。

　節税スキームを使うと、保険の場合でも必ず資金流出が伴う。この資金流出によって、経常収支の累積ボトムがマイナスの企業では来期の資金繰りにおいて「資金不足」が発生することになり、そのためにまた借入をしなくてはならない。

　節税によって来期、資金不足になるという点まで税理士や保険会社は考えていない。これは「利益」と「資金」の違いを理解できていないからだ。また、税理士は自分で借入する必要もないので、借入の怖さを知らず、返済が資金繰りに与える影響まで深く考えることがない。企業が資金ショートしないために「借りられればよい」という認識なのだ。

　銀行員であれば、たとえ決算で利益が出ていても、翌期は期中の回収と支払の波があり、キャッシュアウトしてしまう可能性を理解できるはずだ。来期以降も資金繰りに苦労したくなければ、節税するよりも適正な額で納税し、手元に資金を残しておくほうがいい。こういったことを、銀行から伝えておく必要がある。

　なお、節税を繰り返すと、B/Sの自己資本も蓄積ができない。もちろん、経営者個人に財産を残していけるスキームであれば、企業と経営者を一体としてとらえることで問題はない。しかし、納税して自己資本を蓄積していく企業こそ地元に長く残る企業になる。そして、それが企業の安定した雇用の

維持や成長にもつながるはずだ。

コラム

15 工場の現場がわかる人に資金繰りをやらせる

　ある優良企業の経営者の取組みを紹介したい。会社の資金繰りを見るのはたいがい経理部だが、その企業では製造現場のベテランを資金繰り管理者にしていた。私も大変驚いて理由を聞いたところ、経営者の考えはこうであった。「現場のことをわかっている人に資金繰りをやらせると、現場の何が資金繰りの負担になっているか見えてくる。そして、現場での経験から、今までのやり方をどう変えるべきか判断できる」。

　もちろん誰でもよいわけではなく、数字を見るための多少の適性は必要だろうが、現場のベテランは資金繰りの状況を数字で理解すると、工場で普段何気なくやっていた作業や習慣が、こんな資金負担になっていたのかと気づき、生産現場の改善に取り組むようになる。そして、彼・彼女とのやりとりを通じて経営者も生産現場と資金繰りがつながって見えるようになるという話だった。

　優良企業ほど、経理とは別に資金繰り管理者を置くなど、資金繰りを重視した経営体制を敷いている。現在、生産現場が高齢化している企業も多いと考えられ、ベテランに資金繰り管理をやらせることは業績改善に向けた一案になる。資金繰りは経理がやるものとは限らず、現場がわかる人がやることが効果的だということを知っておきたい。

コラム

16 事業構創マップと事業性評価

　ICAROS-Vを導入している銀行では、「資金繰りへの理解がなければ、本当の事業性評価にはならない」と多くの銀行員が語っている。実際に多くの企業と接して企業ごとに資金繰りの体質があると理解することで、事業がより深く見えるようになったという。銀行員にとって、お金

の動きから入るほうが事業への理解は確実に深まるのだ。

　ローカルベンチマークやSWOT分析などのツールを活用することが事業性評価ではなく、企業の実態をとらえ、企業になんらかの価値を提供できてこそ、銀行本来の事業性評価といえる。資金繰りの分析から入って、従業員1人当たり付加価値額や12ヶ月間の資金繰りの波の原因になっている事象を事業活動のなかから見出し、改善につなげていくことが銀行の行うべき事業性評価のはずだ。

7−4　未来を数字で共有する銀行の取組み

(1)　【事例①】資金繰りを考えた受注体制へ移行

　紹介する事例は、銀行の支店からの要請で、資金繰り改善の支援を本部と当社で行ったもの。自動車関連の部品メーカーで、2次下請けの企業になる。銀行は決算受領後、すぐに月次損益と資金繰りの見通しを作成し、今後12ヶ月間の資金繰り見通しを経営者に提示した。経営者はこれまで資金繰りは経理任せであまり見ることはなかったが、資金繰り予想をもとに毎月、銀行と議論することで資金繰りを直視するようになり、「資金ショート」が現実に迫っていると危機感を抱くようになった（図表7−4−1参照）。

　銀行と経営者は材料の価格高騰や在庫管理の稚拙さなどの課題を認識し、どうしていくべきかを毎月話し合った。銀行からは、受注単価の値上げで損益は好転するが、資金繰りは大きく改善しないというシミュレーションを示した。在庫負担のなくなる「材料の支給」まで交渉しないと当社はもたないと資金繰りで具体的に示したのだった。一方、経営者は「材料支給」に切り替えた場合、どうなるかが見えていなかったため、銀行が材料支給の場合の資金繰り予想をあわせて提示した（図表7−4−2参照）。

　材料支給に切り替えた場合、資金繰りが大幅に改善することがわかり、経営者は即行動に移した。具体的には、元請けメーカーに①受注単価の見直しと、②材料支給への切替えを交渉した。これまで下請け企業の協力会もあって元請けの社長に直接話をするなど常識外れであったが、資金繰り破綻が

図表７－４－１　自動車関連部品メーカーの成行き資金繰り予想

		12月	1月	2月	3月	4月	5月
	繰越金残高	41,417	36,243	30,747	55,585	51,509	44,023
経常収入	売上現金回収	4,266	3,735	4,028	3,342	3,836	3,524
	売掛金現金回収	9,850	11,268	9,919	10,653	8,887	10,133
	手形期日決済	10,758	10,616	10,663	11,689	11,227	12,843
	雑収入	139	139	139	139	139	139
	経常収入	25,014	25,758	24,749	25,823	24,089	26,639
変動経常支出	仕入_前払金発生						
	仕入_現金支払						
	仕入_買掛金現金支払	9,529	9,289	9,327	9,281	9,224	9,386
	仕入_手形期日決済						
	外注_前払金発生						
	外注_現金支払						
	外注_買掛金現金支払	7,132	6,989	7,057	6,591	6,750	6,576
	外注_手形期日決済						
	変動経常支出	16,661	16,278	16,384	15,872	15,974	15,962
固定経常支出	人件費	5,377	5,377	5,377	5,377	5,377	5,377
	役員報酬	1,114	1,114	1,114	1,114	1,114	1,114
	賃借料	85	85	85	85	85	85
	接待交際費	23	23	23	23	23	23
	その他_課税	2,565	2,565	2,565	2,565	2,565	2,565
	租税公課	681	681	681	681	681	681
	消費税等		1,379			1,574	
	法人税等		70				
	固定経常支出	9,844	11,293	9,844	9,844	11,419	9,844
	経常支出合計	26,506	27,571	26,228	25,717	27,393	25,806
	経常収支	-1,492	-1,814	-1,480	106	-3,304	832
経常外支出	経常外収入						
	土地購入						
	車両運搬具購入						
	固定資産購入						1,947
	有価証券購入						
	保険積立						
	経常外支出						1,947
	経常外収支						-1,947
財務収入	短期借入金						
	長期借入金			30,000			
	（長期借入金内訳）						
	借入サジェスト・他行調整			30,000			
	財務収入			30,000			
財務支出	短期借入金						
	長期借入金	3,682	3,682	3,682	4,182	4,182	4,182
	（長期借入金内訳）						
	借入サジェスト・他行調整	3,682	3,682	3,682	4,182	4,182	4,182
	財務支出	3,682	3,682	3,682	4,182	4,182	4,182
	財務収支	-3,682	-3,682	26,318	-4,182	-4,182	-4,182
	資金残	36,243	30,747	55,585	51,509	44,023	38,726

6 月	7 月	8 月	9 月	10月	11月	合計
38,726	33,138	27,175	50,761	44,708	35,913	
3,641	3,779	3,621	3,656	3,977	3,827	45,232
9,348	9,636	10,001	9,599	9,681	10,514	119,489
11,304	12,141	10,129	11,549	10,654	10,983	134,557
139	139	139	139	139	139	1,669
24,433	25,696	23,890	24,943	24,451	25,464	300,947
9,373	9,325	9,625	9,768	10,176	10,060	114,364
6,622	6,732	6,653	6,702	6,969	7,035	81,808
15,995	16,058	16,278	16,470	17,145	17,096	196,172
5,377	5,377	5,377	5,377	5,377	5,377	64,519
1,114	1,114	1,114	1,114	1,114	1,114	13,368
85	85	85	85	85	85	1,020
23	23	23	23	23	23	273
2,565	2,565	2,565	2,565	2,565	2,565	30,783
681	681	681	681	681	681	8,172
	1,574			1,574		6,101
						70
9,844	11,419	9,844	9,844	11,419	9,844	124,305
25,839	27,476	26,123	26,314	28,564	26,940	320,477
-1,407	-1,780	-2,232	-1,371	-4,113	-1,476	-19,530
						1,947
						1,947
						-1,947
					54,915	54,915
		30,000				60,000
		30,000				60,000
		30,000			54,915	114,915
					54,915	54,915
4,182	4,182	4,182	4,682	4,682	4,682	50,185
4,182	4,182	4,182	4,682	4,682	4,682	50,185
4,182	4,182	4,182	4,682	4,682	59,597	105,100
-4,182	-4,182	25,818	-4,682	-4,682	-4,682	9,815
33,138	27,175	50,761	44,708	35,913	29,755	

図表7－4－2　自動車関連部品メーカーの資金繰り改善予想（材料支給に切替え）

		12月	1月	2月	3月	4月	5月
	繰越金残高	41,417	35,934	30,813	29,078	28,497	26,700
経常収入	売上現金回収	1,713	1,631	1,637	1,598	1,595	1,566
	売掛金現金回収	10,346	7,515	7,130	7,152	6,983	6,969
	手形期日決済	11,011	10,855	10,905	10,957	10,962	7,962
	雑収入	139	139	139	139	139	139
	経常収入	23,209	20,139	19,810	19,846	19,679	16,636
変動経常支出	仕入_前払金発生						
	仕入_現金支払						
	仕入_買掛金現金支払	9,341	4,816	2,717	1,740	1,296	1,090
	仕入_手形期日決済						
	外注_前払金発生						
	外注_現金支払						
	外注_買掛金現金支払	6,697	6,343	6,176	6,033	5,952	5,884
	外注_手形期日決済						
	変動経常支出	16,039	11,158	8,893	7,773	7,248	6,974
固定経常支出	人件費	5,060	5,060	5,060	5,060	5,060	5,060
	役員報酬	557	557	557	557	557	557
	賃借料	85	85	85	85	85	85
	接待交際費	23	23	23	23	23	23
	その他_課税	2,565	2,565	2,565	2,565	2,565	2,565
	租税公課	681	681	681	681	681	681
	消費税等		1,379			1,574	
	法人税等		70				
	固定経常支出	8,971	10,420	8,971	8,971	10,545	8,971
	経常支出合計	25,010	21,578	17,864	16,744	17,793	15,945
	経常収支	-1,801	-1,439	1,946	3,101	1,886	691
経常外支出	経常外収入						
	土地購入						
	車両運搬具購入						
	固定資産購入						1,947
	有価証券購入						
	保険積立						
	経常外支出						1,947
	経常外収支						-1,947
財務収入	短期借入金						
	長期借入金						
	（長期借入金内訳）						
	借入サジェスト・他行調整						
	財務収入						
財務支出	短期借入金						
	長期借入金	3,682	3,682	3,682	3,682	3,682	3,682
	（長期借入金内訳）						
	借入サジェスト・他行調整	3,682	3,682	3,682	3,682	3,682	3,682
	財務支出	3,682	3,682	3,682	3,682	3,682	3,682
	財務収支	-3,682	-3,682	-3,682	-3,682	-3,682	-3,682
	資金残	35,934	30,813	29,078	28,497	26,700	21,762

6月	7月	8月	9月	10月	11月	合計
21,762	18,347	33,645	29,953	26,170	20,689	
1,616	1,593	1,571	1,578	1,586	1,586	19,268
6,845	7,058	6,963	6,864	6,896	6,929	87,649
7,554	7,578	7,399	7,383	7,252	7,478	107,294
139	139	139	139	139	139	1,669
16,154	16,368	16,071	15,964	15,872	16,132	215,881
989	941	921	912	935	941	26,639
5,927	5,902	5,856	5,849	5,859	5,907	72,383
6,915	6,843	6,776	6,762	6,794	6,848	99,021
5,060	5,060	5,060	5,060	5,060	5,060	60,723
557	557	557	557	557	557	6,684
85	85	85	85	85	85	1,020
23	23	23	23	23	23	273
2,565	2,565	2,565	2,565	2,565	2,565	30,782
681	681	681	681	681	681	8,172
	1,574			1,574		6,101
						70
8,971	10,545	8,971	8,971	10,545	8,971	113,825
15,887	17,388	15,748	15,733	17,339	15,819	212,847
267	−1,020	323	232	−1,466	314	3,034
						1,947
						1,947
						−1,947
					54,915	54,915
	20,000				20,000	40,000
		20,000			20,000	40,000
		20,000			74,915	94,915
					54,915	54,915
3,682	3,682	4,015	4,015	4,015	4,015	45,517
3,682	3,682	4,015	4,015	4,015	4,015	45,517
3,682	3,682	4,015	4,015	4,015	58,930	100,432
−3,682	16,318	−4,015	−4,015	−4,015	15,985	−5,517
18,347	33,645	29,953	26,170	20,689	36,987	

迫っていることを示す数字の開示も含めて直接交渉に踏み切った。具体的な数字を見せたことが交渉でも役に立ち、元請けメーカーから、値上げとあわせて材料支給への切替えについて了承を得ることができた。

　材料支給により加工賃収入になるため、売上は大幅減収となるが、材料の値上がりの影響は受けなくなり、材料の仕入や在庫管理がなくなって損益と資金繰りは好転していった。企業が材料を仕入れて在庫として管理していくことは手間と労力がかかる。実はこれが見えない大きなコストになっているのだ。その負担から解放されることで、社内の製造体制の見直しに着手する余裕ができ、損益と資金繰りは予想していた以上に改善した。

　在庫負担がなくなることで資金繰り負担が軽減される点まで数字にしないと、納品先との取引形態を販売から加工請負に切り替える効果は理解できない。本件は、銀行が取引形態の変更の効果を資金繰りにまで落とし込んで示すことができたからこそ、経営者を後押しすることができたのだ。

⑵　【事例②】在庫処分を数字で後押し

　事例企業は食品関連のメーカーで、経営者が交代したばかりであったが、コロナ禍で売上が伸び悩み、在庫を多く抱えるに至った。後継者はもともと工場の現場責任者で、経理的な知識は乏しかった。資金繰りに関しても不安があったため、メイン行に相談したところ、借入の相談には乗ってくれたが、それ以上のアドバイスはもらえなかった。そこで、サブメインの同行に相談がきた。

　同行はまず経営者と一緒にICAROS-Vの成行予想を確認し、損益と資金繰りの見通しを検討した。売上は業界平均で見ても昨年以上の伸びが予想され、損益も黒字となる予想だったが、追加の借入が必要となることがわかった。しかし、過去の設備投資の状況を考えると、これ以上借入を増やすのは得策でないと経営者に伝えて、今後の方策を話し合った。

　経営者と見通しを共有するなかで、コロナ禍でさばけなかった在庫が課題となった。食品は賞味期限の問題もあるため、在庫を現金化することで追加の借入負担を減らす方針としたかったが、値下げ販売になるために赤字に陥ってしまう可能性があった。経営者も初めての経験で、許容できる赤字の

額や値下げ額について頭を悩ませていた。なお、赤字となればB/Sの自己資本にも影響が出るが、メイン行との関係もあり、債務超過になることは避けたかった。

そこで、同行は利益がほぼゼロになる価格まで値引きを許容して、通販で処分することを経営者と一緒に検討した。在庫を抱えたままだと追加で借入が必要になるが、コロナ禍で増えた40百万円の在庫を原価で販売した場合、借入をせずとも資金繰りに支障が出ないことを数字で示した。それが意思決定を後押しし、経営者はすぐさま行動に移すことができた。在庫処分にあたっては、同行の行員も消費者目線の効果的なダイレクトメールや、地域で配布するチラシのアイデア出しを行い、まずは定価の30%ディスカウントから始めることを提案し、実行に移していった。

今回の在庫処分により、最低でも30百万円ほどの赤字になるが、B/Sの自己資本は大きく毀損せず債務超過に陥らないこともわかり、これをメインバンクに事前に話して了解を得た（図表7−4−3参照）。資金繰りについては、閑散期である冬場においても、追加の借入をせずとも資金が不足しないことが明らかになった（図表7−4−4参照）。

なお、この数値は在庫を原価で販売した場合であり、実際はそれ以上の価格で販売できる見通しだった。コロナが収束し始めたことや、売上が実績期より大幅に伸ばせる余地が出てきたこともあり、経営者は積極的に営業活動に出ることを約束し、見通しは一層明るくなっていった。

その後、企業は消費税の納付や賞与などで同行の極度額を優先的に利用するようになった。同行では試算表を毎月受領し、損益と資金繰りの見通しを作成し、それをもとに決算着地まで何が必要になるか、毎月継続して経営者とディスカッションしている。これにより、事業を承継して不安が大きかった経営者も、以前より安心して経営に臨むことができるようになった。同行はここから営業人材の紹介といった人材採用のコンサルティングも展開し、追加で手数料の獲得につなげている。

このように、「未来の資金繰り」を話す銀行は、「過去の決算書」を話すだけの銀行に対して大きな差をつけることができる。在庫処分が資金繰りにど

図表7－4－3　在庫処分のシミュレーション

実績期

　予想期の原材料比率を出すため、まず実績期の原材料比率を加工高ベースで算出する。次に、前期の在庫増加分40百万円を実績売上710百万円に加算し、加工高750百万円を基準として原材料比率14.7%を算出する

（単位：百万円）

売上	710	100%
原材料	110	15.5%
経費その他	320	45.1%
期首製品	20	2.8%
期末製品	60	8.5%
粗利	320	45.1%

加工高ベースの原材料比率

加工高	750	100%
原材料	110	14.7%

売上高710＋在庫
増加分40

予想期

① 　予想期では前期の売上高710百万円＋増えた在庫の処分40百万円
　　（利益ゼロ）の合計750百万円を最低ラインの売上高として設定
② 　予想の原材料費は710百万円×14.7%（加工高比）＝104百万円
③ 　前期増加40百万円の在庫を販売するため、期末在庫は20百万円に戻る

（単位：百万円）

	通常売上	在庫処分	合計		比率
売上	710	40	①	750	100%
原材料	② 104	0		104	13.9%
経費その他	320			320	42.7%
期首製品	20	40		60	8.0%
期末製品	20	0	③	20	2.7%
粗利	286	0		286	38.1%
販管費				313	41.7%
営業利益				▲27	▲3.6%
営業外損益				▲3	▲0.4%
経常利益				▲30	▲4.0%

140　第2部　融資業務の未来

のように影響するかは銀行員なら漠然とわかるが、本件ではそれを年間の資金繰り計画において示すことが経営者にとって安心材料になり、経営者は本気になって在庫処分に取り組むことができた。経営者を本気にさせることは、頭で考えているほど簡単ではなく、実はなかなかできない。経営者に本気になってもらうには、銀行の担当者が確信をもてるまで徹底的に現場で考え、責任をもって経営者に伝える必要がある。自分事にして伝えてこそ、経営者が信頼してくれるのだ。財務面から入って現場をよく知り、自分事にすることで成果につなげられることを知ってほしい。

⑶ 【事例③】経営管理の強化

(i) 資金繰り体質の理解

　ここで紹介する企業は、業歴70年超の印刷製本業者で、現経営者は3代目であり、数年前に30代前半で事業を引き継いだ。当社は銀行からの要請で、銀行と一緒に事業承継を機にした支援をすることになった。

　まず、ICAROS-Vを用いて過去の資金繰り状況と将来12ヶ月間の資金繰り見通しを共有し、自社の体質が年間を通してどういった状況にあるのか理解してもらった（図表7－4－5参照）。改善に着手するにあたっては、必ず「資金繰りの見通し」を立てることが重要になる。資金繰りが厳しい企業だけでなく、当社のように利益が出ている企業であっても、資金繰りの見通しを検討することで、何に優先して取り組まなければならないか見えてくるからだ。

　具体的に資金繰りを見ると、年間を通して上期の売上が極端に少なく、上期の支払が超過する体質であることが明らかになった。また、取引先によっては契約が書面化されておらず、取引条件などが明確でないこともわかった。そして、自社の資金繰り上、最も大きな懸念は、印刷業で多い手形取引だった。資金繰りの見通しでは支払手形の決済に支障はなかったが、今後の改善への取組み策を考えると、受注が減った場合、手形決済に窮する可能性が出てくることがわかった。

　具体的には、売上が100百万円／月の時の仕入が30百万円で、仕入について90日手形を振り出していた場合、今後仮に受注が半減すると、50百万円の回

図表7－4－4　食品関連メーカーの資金繰り改善予想

		4月	5月	6月	7月	8月	9月
	繰越金残高	119,534	111,602	88,143	70,456	113,571	128,629
経常収入	売上現金回収	2,620	2,584	6,156	4,394	2,945	3,072
	売掛金現金回収	49,797	49,778	49,123	114,658	84,546	56,939
	雑収入	522	522	522	522	522	522
	受取利息・配当金	0	0	0	0	0	0
	経常収入	52,939	52,885	55,802	119,574	88,014	60,533
変動経常支出	仕入_前払金発生	264	197	188	192	218	249
	仕入_現金支払						
	仕入_買掛金現金支払	12,088	16,010	16,029	13,633	12,344	11,948
	外注_前払金発生	2	1	1	1	1	1
	外注_買掛金現金支払	61	80	100	88	75	71
	荷造運賃	4,733	4,668	11,121	7,937	5,321	5,548
	変動経常支出	17,147	20,956	27,440	21,851	17,959	17,819
固定経常支出	人件費	9,951	9,951	9,951	9,951	9,951	9,951
	役員報酬	2,000	2,000	2,000	2,000	2,000	2,000
	賞与				7,381		
	法定福利費	1,927	1,927	1,927	3,110	1,927	1,927
	賃借料	1,609	1,609	1,609	1,609	1,609	1,609
	修繕費	271	271	271	271	271	271
	水道光熱費	1,492	1,492	1,492	1,492	1,492	1,492
	旅費交通費	307	307	307	307	307	307
	接待交際費	98	98	98	98	98	98
	広告宣伝費	1,659	1,659	1,659	1,659	1,659	1,659
	その他_課税	7,249	7,249	7,249	7,249	7,249	7,249
	その他_非課税	12,391	12,391	12,391	12,391	12,391	12,391
	保険料	342	342	342	342	342	342
	支払利息	576	573	568	563	558	553
	租税公課	458	458	458	458	458	458
	消費税等		10,098			8,959	
	法人税等		404				
	固定経常支出	40,330	50,829	40,323	48,881	49,271	40,307
	経常支出合計	57,478	71,784	67,763	70,733	67,230	58,126
	経常収支	-4,538	-18,899	-11,961	48,841	20,784	2,407
経常外支出	経常外収入						
	土地購入						
	車両運搬具購入						328
	固定資産購入						13,753
	有価証券購入						
	保険積立						
	経常外支出						14,081
	経常外収支						-14,081
財務支出	財務収入						
	短期借入金						
	長期借入金	3,394	4,560	5,726	5,726	5,726	5,726
	社債						
	役員借入金						
	財務支出	3,394	4,560	5,726	5,726	5,726	5,726
	財務収支	-3,394	-4,560	-5,726	-5,726	-5,726	-5,726
	資金残	111,602	88,143	70,456	113,571	128,629	111,229

（単位：千円）

10月	11月	12月	1月	2月	3月	合計
111,229	108,498	97,171	85,315	118,063	104,541	
3,175	3,104	4,899	2,772	2,722	2,806	41,250
58,311	60,258	59,019	91,919	54,015	51,796	780,159
522	522	522	522	522	522	6,269
0	0	0	0	0	0	1
62,008	63,884	64,440	95,214	57,260	55,125	827,679
190	169	168	162	214	314	2,527
12,716	14,130	12,614	11,213	10,621	10,148	153,493
1	1	1	1	1	2	15
69	80	82	69	64	61	901
5,735	5,607	8,850	5,008	4,917	5,069	74,514
18,712	19,986	21,715	16,453	15,816	15,594	231,449
9,951	9,951	9,951	9,951	9,951	9,951	119,408
2,000	2,000	2,000	2,000	2,000	2,000	24,000
		7,381				14,762
1,927	1,927	3,110	1,927	1,927	1,927	25,491
1,609	1,609	1,609	1,609	1,609	1,609	19,312
271	271	271	271	271	271	3,257
1,492	1,492	1,492	1,492	1,492	1,492	17,899
307	307	307	307	307	307	3,686
98	98	98	98	98	98	1,176
1,659	1,659	1,659	1,659	1,659	1,659	19,910
7,249	7,249	7,249	7,249	7,249	7,249	86,982
12,391	12,391	12,391	12,391	12,391	12,391	148,694
342	342	342	342	342	342	4,105
547	542	537	531	526	521	6,595
458	458	458	458	458	458	5,498
	8,959			8,959		36,975
	244					648
40,302	49,499	48,855	40,286	49,239	40,275	538,398
59,014	69,485	70,570	56,739	65,056	55,870	769,847
2,995	−5,601	−6,130	38,475	−7,796	−745	57,831
						328
						13,753
						14,081
						−14,081
5,726	5,726	5,726	5,726	5,726	5,726	65,214
5,726	5,726	5,726	5,726	5,726	5,726	65,214
−5,726	−5,726	−5,726	−5,726	−5,726	−5,726	−65,214
108,498	97,171	85,315	118,063	104,541	98,070	

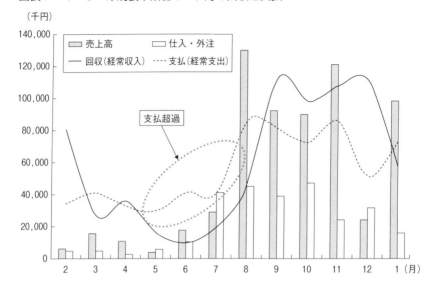

図表7－4－5　印刷製本業者の12ヶ月の回収と支払

（千円）

凡例：
□ 売上高　　□ 仕入・外注
── 回収（経常収入）　　…… 支払（経常支出）

支払超過

収額で、好調だった時の仕入の手形30百万円を決済することになってしま
う。そうすると、固定費の支払や借入金の返済まで考慮した場合、資金繰り
がひっ迫してしまうことは明白だった。

　今後の受注環境や、取引先の見直しを考えた場合、経営者も支払手形は
ネックになるという認識を新たにした。多くの企業と同様、同社も売上志向
が強く、資金繰りへの理解が十分でなかったが、協議のなかで経営者も売上
さえあげれば利益も資金も残るわけではないことに気づき、「当時はよく自
社の資金繰りもわからず経営していたものだ、今考えると本当に恐ろしい」
という発言に至った。

(ⅱ)　**支払手形の解消**

　そこで、まずは支払手形の解消に取り組むことになった。これにはリスク
もあるが、今後の安定した事業運営を考えた場合、早めにすませておく必要
があった。支払手形の解消には、当然、銀行の協力が必要となる。支払手形
の振出しをやめると、仕入の支払が翌月「現金払い」となり、手形決済と現
金払いが重なってしまう期間が3ヶ月間出てしまうからだ（図表7－4－6

参照)。

　支払手形の解消のため、金融機関にはシェアに応じて100百万円ほどの追加融資を検討してもらうことにした。金融機関には、現金払いと手形決済が重なり、5〜7月の経常収支が大きなマイナスとなることを示した（8〜9月の経常収支マイナスは毎年のこと）。また、今期決算着地予想では5百万円ほどの利益が出るが、資金繰りを提示し、この取組みにより、経常収支は▲99百万円と大きなマイナスとなることを理解してもらった。これによって後々コロナ禍における未曾有の受注減少時でも、手形決済の不安もなく安心して経営できることになった。

> **資金繰りを理解し、将来リスク軽減のため**
> **支払手形を解消する決断をした**

(iii)　取引先の見直し

　同社は支払手形を解消し、資金繰りの不安をなくしてから、様々な改善策を検討していった。まずは取引先ごとの契約条件を確認し、不採算となっている取引を見直すことに着手した。資金繰りの予定を立てる際、取引先ごとの回収の見通しが必要になるが、回収条件が不明な先が多くあったのだ。

　経営者自身が営業も担当していたため、取引先ごとの回収条件は熟知していたが、経営者でも回収見通しが立たない取引先が数社あった。それらは先代からの長年の取引先で、「ある時払い」の状態が続いていた。このような取引先は、往々にして売掛金の回収も遅れがちで、それが資金繰りを圧迫する要因の1つとなっていた。当然、これらの取引先とは契約書も取り交わしておらず、回収条件がおざなりになっていた。

　契約書を交わせる取引先もあったが、それができない場合は、取引条件が明確にできないことを理由に契約解消することにした。そういった取引先は回収不能になる可能性もあったため、早めの解消は逆にリスク回避につながった。結果として取引先の数は減ったものの、取引条件が明確になることで、営業担当者の責任も明確にでき、資金繰りの予定が立てやすくなるメ

図表7−4−6　手形解消資金繰り表（予想）

		2月	3月	4月	5月	6月	7月
	繰越金残高	93,864	92,610	140,552	209,541	144,379	134,985
経常収入	売掛金現金回収	27,481	7,112	8,690	4,034	4,307	9,934
	手形期日決済	35,631	44,893	55,104	7,391	27,394	7,090
	手形割引譲渡	13,705	3,547	4,334	2,012	2,148	4,954
	雑収入	223	223	223	223	223	223
	受取利息・配当金	30	30	30	30	30	30
	経常収入	77,071	55,805	68,381	13,690	34,102	22,231
変動経常支出	仕入_現金支払	1,665	2,741	8,253	13,832	13,333	22,064
	仕入_買掛金現金支払	4,446	1,385	2,281	6,867	11,510	11,094
	仕入_手形期日決済	20,584	21,228	17,659	6,574	7,865	1,775
	外注_現金支払	880	562	1,042	3,323	4,217	4,928
	外注_買掛金現金支払	1,969	732	468	867	2,765	3,509
	外注_手形期日決済	7,323	5,708	7,071	4,629	2,439	1,255
	荷造運賃	248	410	169	201	484	1,700
	変動経常支出	37,115	32,767	36,942	36,293	42,612	46,324
固定経常支出	人件費	16,453	16,453	16,453	16,453	16,453	16,453
	賞与						9,112
	法定福利費	2,932	2,932	2,932	2,932	2,932	4,459
	賃借料	1,107	1,107	1,107	1,107	1,107	1,107
	消耗品費	78	78	78	78	78	78
	修繕費	957	957	957	957	957	957
	水道光熱費	1,002	1,002	1,002	1,002	1,002	1,002
	旅費交通費	685	685	685	685	685	685
	接待交際費	149	149	149	149	149	149
	広告宣伝費	233	233	233	233	233	233
	その他_課税	2,198	2,198	2,198	2,198	2,198	2,198
	保険料	295	295	295	295	295	295
	支払利息	815	792	889	999	973	1,032
	割引料	6	6	6	6	6	6
	租税公課	402	402	402	402	402	402
	消費税等		5,156			8,350	
	法人税等		360				
	固定経常支出	27,315	32,808	27,389	27,499	35,824	38,171
	経常支出合計	64,430	65,575	64,332	63,792	78,436	84,496
	経常収支	12,640	-9,769	4,049	-50,102	-44,333	-62,265
	経常外収入	0	0	0	0	0	0
経常外支出	土地購入						
	車両運搬具購入						
	固定資産購入						
	有価証券購入						
	保険積立						
	経常外支出	0	0	0	0	0	0
	経常外収支	0	0	0	0	0	0
財務収入	短期借入金		100,000			50,000	
	長期借入金			100,000			100,000
	社債						
	役員借入金						
	財務収入	0	100,000	100,000	0	50,000	100,000
財務支出	短期借入金		20,000	20,000			
	長期借入金	13,894	13,894	15,060	15,060	15,060	16,727
	社債		8,395				
	役員借入金						
	財務支出	13,894	42,289	35,060	15,060	15,060	16,727
	財務収支	-13,894	57,711	64,940	-15,060	34,940	83,273
	資金残	92,610	140,552	209,541	144,379	134,985	155,994

8 月	9 月	10月	11月	12月	1 月	合計
155,994	263,638	229,760	214,123	241,111	300,884	
34,486	23,984	44,868	59,031	69,808	17,812	311,546
8,662	4,021	4,293	9,902	34,378	23,908	262,670
17,199	11,961	22,376	29,440	34,814	8,883	155,373
223	223	223	223	223	223	2,676
30	30	30	30	30	30	362
60,601	40,219	71,791	98,626	139,253	50,857	732,626
27,471	22,233	8,077	9,275	2,804	3,057	134,804
18,359	22,859	18,500	6,721	7,718	2,333	114,073
0	0	0	0	0	0	75,684
7,555	9,255	5,938	3,032	2,470	1,001	44,204
4,100	6,286	7,701	4,941	2,523	2,055	37,918
0	0	0	0	0	0	28,426
1,071	2,167	2,797	3,284	618	1,375	14,522
58,557	62,800	43,013	27,253	16,133	9,822	449,632
16,453	16,453	16,453	16,453	16,453	16,453	197,434
				9,112		18,225
2,932	2,932	2,932	2,932	4,459	2,932	38,241
1,107	1,107	1,107	1,107	1,107	1,107	13,290
78	78	78	78	78	78	939
957	957	957	957	957	957	11,483
1,002	1,002	1,002	1,002	1,002	1,002	12,030
685	685	685	685	685	685	8,225
149	149	149	149	149	149	1,792
233	233	233	233	233	233	2,799
2,198	2,198	2,198	2,198	2,198	2,198	26,382
295	295	295	295	295	295	3,544
1,173	1,144	1,186	1,158	1,130	1,102	12,394
6	6	6	6	6	6	76
402	402	402	402	402	402	4,821
	8,350			8,350		30,206
	180					540
27,673	36,175	27,687	27,658	46,619	27,602	382,421
86,230	98,975	70,700	54,912	62,752	37,424	832,053
−25,629	−58,756	1,091	43,714	76,500	13,433	−99,427
0	0	0	0	0	0	0
						0
					22,000	22,000
						0
						0
0	0	0	0	0	22,000	22,000
0	0	0	0	0	−22,000	−22,000
	50,000					200,000
150,000						350,000
						0
						0
150,000	50,000	0	0	0	0	550,000
					200,000	240,000
16,727	16,727	16,727	16,727	16,727	16,727	190,057
	8,395					16,790
						0
16,727	25,122	16,727	16,727	16,727	216,727	446,847
133,273	24,878	−16,727	−16,727	−16,727	−216,727	103,153
263,638	229,760	214,123	241,111	300,884	75,590	

リットは大きかった。また、営業担当者ごとに取引先別の売掛金回収予定表を作成することで、売掛金の管理も強化された。

あわせて、不採算取引がどのくらいあるのか、洗い出しを行った。得意先ごとの採算を数字で出してみたところ、採算の極めて悪い受注が少なからず存在することが判明した。「受注先のX社とは昔からの付き合いだし、仕方がない」といった思考停止状態の取引先や、最初は利益がとれなくても、少しずつ値上げなどで利益を確保できる見通しとしていたものの、現実には相手の言いなりになって不採算が続いていた取引先も多くあった。そこで、不採算取引については、交渉が不調に終わった時は撤退することも視野に入れ、受注価格の値上げ交渉を行った。その結果、取引解消となった取引先もあったが、多くは値上げを受け入れ、利益の改善につなげることができた。

(iv) 在庫の見直し

次に支払の改善について検討した。多くの後継者は、営業面を中心に事業を引き継いでいる。このため、経理面や製造面が見えていないことが多い。同社の経営者も、工場については工場長に任せきりで、製造現場の課題を把握できていなかった。

そこで、まずは経営者に仕入や外注の12ヶ月間の支払を見せ、ピークとなる時期の支払額の多さをあらためて認識してもらい、そこにメスを入れることを検討した。そして、毎月行われる材料の実地棚卸への立ち会いを要請した。当初経営者は営業で忙しいからという理由で腰が重かったが、資金繰り見通しを毎月検討するなかで仕入にメスを入れる必要があるとの認識が強くなり、実行に移すことができた。

経営者には用紙やインクなどの仕入伝票を確認してもらい、製造の現場でどのような発注のやり方になっているのか、そして、在庫となっている用紙やインクなどがどのように管理されているのかを把握してもらった。するとそれ以降、経営者が少しずつ工場へ立ち入るようになり、最終的には毎月の実地棚卸までやるようになった。そこまで実に半年以上かかったが、経営者が工場の倉庫で毎月実地棚卸を行うようになったことで、現場の意識は大きく変化していった。

そして、経営者が従業員と一緒に実地棚卸を行うなかで、用紙の種類が現状何点あるのかを把握し、それを減らしていくという方向性が決まった。具体的には、500点ほどあった用紙の種類を150点まで減らすという目標を立て、現場と一緒に在庫削減に取り組んだ。当社と銀行も毎月の会議に参加して、その進捗状況を確認して後押しした。その結果、1年ほどかかったが、目標を達成し、ムダな仕入を減らすことができた。

　加えて、この取組みにより倉庫や工場のなかは見違えるように整理された。以前は、「工場の近くに出荷用の倉庫を借りる必要がある」と従業員が話していたが、用紙の種類を減らしたことによって既存の倉庫の半分が余剰スペースになった。さらに、工場のなかに置かれていた仕掛品や製品を倉庫に移すことで動線がスムーズになり、作業効率も向上した。倉庫がスッキリすると従業員の気持ちも明るくなり、もっとよくしたいという姿勢が生まれ、自主的に様々な改善に取り組むようになった。

(v) 工場の現場改善

　次に着手したのが工場のロス（損失）を減らす取組みだった。同社では、従業員が作業ミスを起こした時、叱責されることを恐れ、報告をあげにくい組織文化になっていた。このため、工場でも作業ミスが共有されず、同じようなミスが頻発していた。これにより、つくり直しによる原材料のロスや残業が発生し、高コスト体質となっていた。

　そこで、まずは1年間かけ、この「つくり直しによる損失」がどのくらいあるか集計した。その際、工場のミスをできるだけ多く「集める」のが目的だと従業員に説明し、ささいなミスでも自分で判断せず、すべて報告してもらうようにした。そして、そのミスについては一切叱責しないことを確約した。

　すると、従業員はミスを隠さないようになり、徐々に情報が集まるようになった。毎月の会議で報告されたミスをグループ分けし、現場の従業員にその結果を還元した。これにより、ミスの大半は同じ原因であることを全員が認識することができた。

　このようにして1年間集計したところ、ミスによる損失額は何と年間30百

万円にものぼることが判明した。これは売上比で4％に及ぶ額であった。経営者や工場長はこの結果に大変驚くと同時に、この30百万円の改善効果を資金繰りに織り込むことができれば、資金繰りが大きく改善することを認識し、逆に気持ちが明るくなったという。この認識を全社的に共有し、工場長含め従業員一丸となって改善につながる行動を考えていった。

　現状の問題点としては、作業や段取り替えのマニュアルがなく、従業員任せとなって標準化できていないことが大きかった。各人が先輩から教わった方法を自分なりにアレンジして作業していたが、チェックする仕組みもなく、初歩的な作業ミスが発生していた。また、営業担当者が作業指示書を作成して工場に渡していたが、工場側にはこれまでの経験から「この取引先はこうだろう」という思い込みがあり、確認漏れが作業ミスを誘発していた。

　こういった問題点の改善に地道に取り組んでミスを減らしていくとともに、経営者が毎月工場に足を運んで改善会議を開き、新たに発生したミスについて再発防止策をその場で議論した。各従業員に染みついた作業方法を変えていくのは容易ではなかったものの、経営者が強い思いをもって断行し、それに従業員が応えることで、継続して改善に取り組むことができた。これにより、原材料費や残業代など年間30百万円以上の削減につなげることができたのだった。

(vi)　経営計画発表会

　同社では取引銀行を本社に集めて、決算と経営計画を発表することにした。これは、同社にとって従業員の努力をアピールできる場であり、銀行にとっても、企業から決算書をもらうだけでなく、実際の取組み内容を聞くことは有益だった。

　発表会では、経営者、営業部長、工場長のほか、工場の各部門責任者も1年間の取組み内容の発表を行った。初めて開催した時は、経営者以下かなり緊張していたが、回を重ねるごとに慣れ、自分たちの取組みをしっかりと伝えることができるようになった。

　これは従業員の意識改革にも大きく寄与した。決算や資金繰りの数字を知ることで数字への意識が高まり、自分たちの取組み内容を銀行に発表するこ

とで責任感も生まれ、各人の成長につながったのだ。これまでは「指示された仕事をこなせばいい」という受け身の意識が強かったが、発表会を重ねるごとに「従業員一丸となって自ら取り組んでいく」という主体的な意識に変わっていった。

　同社の経営者は、これまでの取組みを振り返り、情報共有を行うことが重要だとあらためて理解した。これまでは営業部門と工場が別々に対応策を検討していたが、全社的な状況と他部門の取組み内容を共有することで、改善に結びつけることができた。経営者は営業だけではなく工場にも毎日顔を出すようになり、現場改善策を従業員と一緒に考え実行している。業界全体は厳しい見通しであるが、当社は従業員と一緒にコロナ禍という危機も乗り越え、新たな成長に向けて現在でも様々なことに取り組んでいる。

コラム 17　値上げを安易に提案しない

　中小企業においても、昨今の材料価格上昇を販売価格に転嫁していく動きがある。よく「仕入価格が上がったので値上げできますか」と経営者に問う場面を見受けるが、軽い気持ちで聞いていないだろうか。

　これまで数多くの企業を支援するなかで、どうすれば値上げできるかを議論してきたが、多くの場合、製品の値上げを「企業改革」につなげるという考え方が有効である。材料の価格上昇を理由とするのではなく、競合製品よりも製品やサービスの「質」を向上させることで、初めて値上げができると考えるのだ。そのためには、社長以下全従業員が「今までどおりではダメだ」という認識を新たにし、全社一丸となって知恵を絞らねばならない。

　考えてみると、銀行の融資業務についても同じことがいえるのではないだろうか。貸出金利を引き上げた時、取引が他行に流れてしまうと感じるならば、やはり何かが問題なのだ。銀行員も、取引先企業に値上げを提案するのであれば、自分たちもまた金利とともに、「サービスの質」を向上させることを忘れてはならない。

終　章

　多くの銀行員は、自らが銀行員であることにプライドをもっている。また、地域の企業を支えるという使命感も強くもっている。銀行と地域企業は一蓮托生の関係にあることは否定できない事実だ。

　一般企業とは違い、お金を商品として取り扱うことが、銀行員のエリート意識の根源にある。私自身もかつてそうであった。地域において、銀行はやはり地元のエリートが就職する企業であり、役所や電力会社と肩を並べる存在だ。市場においてこうした「特別の価値」をもつ銀行は、業態そのものがブランドといってもいい。

　しかし今、こうした銀行のブランドは崩壊の瀬戸際にある。法人融資における情報生産の歯車がうまく回らなくなっているからだ。ここでいう「情報」とは、融資先の経営情報や業界情報はもちろん、地域情報、社会情勢までも含む。特に融資先の経営情報については、銀行もその重要性は認識しているものの、その量と質は十分とは言いがたい。これは銀行と企業が共通言語で話せていないことに原因がある。こうした状態を続けている限り、銀行のブランドはいずれ崩壊してしまうのではないかと危惧している。

　銀行は企業と相互補完の関係にあって、ともに地域を支える存在として情報を共有し、歯車のようにかみ合っていくという考え方をもつ必要がある。お金を扱う「特別な存在」「選ばれた人」であるという古いプライドから脱却し、「お金」と「情報」を適切に扱えることが銀行の新たなブランドになるのだ。

　地域の事業者にとって、やはり頼りになるのは地元に根ざした銀行である。その銀行も最近は大きく変わってきていると私自身、強く感じている。銀行のブランドは再構築され、新たなブランドとして再び輝き続けるはず

で、今はまさにその過渡期である。

　ブランドという考え方は時代とともに変わってきている。かつて見た目の差別化がブランドになっていた時代もあった。銀行の場合は、融資力そのものがブランドであり、銀行の「看板」や「襟章」がその象徴だった。

　しかし、今後の銀行ブランドは、融資の背景にあるビジョンや、行員一人ひとりの「考え方」と「立ち居振る舞い」によって定義されるようになると考えている。「地域経済と企業を支える」というビジョンを自分事として腹落ちさせ、資金繰りを用いた未来の対話により経営者との信頼関係を築くことが、銀行の新しいブランドになる。つまり、企業との「関係性」こそが新しい時代の銀行のブランドになるのだ。

あとがき

　最後までお読みいただきありがとうございました。

　私自身の公庫での経験と現在の企業支援の経験から、企業と銀行の関係をよりよくしたいと思い、本書の筆をとりました。公庫にいる時は、銀行業務についてなんら疑問をもちませんでしたが、経営者と一緒に逆の立場を経験したからこそ気づいたことも多く、それらを銀行員の方にも知ってほしいと思いました。

　本書では、弊社で開発した資金繰り予想システムを紹介させていただきましたが、公庫にいた時は、自身でシステムの開発を行うようになるとは夢にも思いませんでした。システムには、多くの経営者と一緒に汗を流した10年間の経験が盛り込まれています。システムを世に出すにあたっては、本当に多くの人や社員に助けられました。

　公庫に入ったのも、思えば日本経済を支える「中小企業の役に立ちたい」という強い気持ちからでした。公庫時代から今に至るまで、その思いは変わっていません。むしろ、十数年間の企業支援を通じてより強くなったと感じます。自分で開発したシステムが現在、銀行を通じて全国の企業の役に立っていることを思うと、「中小企業の役に立ちたい」という入庫当時の思いが実現できたと、感慨もひとしおです。

　ICAROS-Vを導入している銀行員の方との話のなかで、銀行員の方々がシステムを活用することで仕事に面白さや喜びを感じてくれていることを知り、同じ銀行員だった身として業務の大変さを知っているがゆえに、開発して本当によかったと思います。

　「銀行から資金繰り予想を出す」という考え方は、銀行員の常識からすれば、これまでとは逆の発想です。しかし銀行にとって、このメリットは計り知れません。資金繰り予想があることで、融資の提案のみならず、企業審査も能動的に行うことができます。さらに、業務全体が効率化するため、現在銀行が力を入れて推進しているコンサルティング業務へ発展させることも可

能になります。

　実は経営者も自社の資金繰りがあまり見えていないのが現実です。ただ、資金繰りにミスは絶対に許されません。そのサポート役として、この分野は税理士ではなく、やはり銀行の専売特許にすべきだと私は考えます。そのために、銀行員もこれまで以上に深く資金繰りを理解すべきであり、ICAROS-Vはそのための有効なツールになると考えます。資金繰りがわかると、企業経営への理解も進み、もっと経営者と話したくなるはずです。

　今後、銀行の置かれる経営環境はより一層厳しくなります。しかしちょっとした工夫で、それをチャンスに変えることができると確信しています。

　本書の出版にあたっては、多くの方々の協力をいただきました。とりわけ、一般社団法人金融財政事情研究会出版部の花岡博部長には、構想段階から貴重な時間を割いて多くのアドバイスをいただきました。また、日本金融通信社の記者円谷真さんには事例の提供など側面から支援をいただきました。あらためて御礼申し上げます。

　もともと銀行員であった金融庁OBの足澤聡さんは、従来から資金繰りを通じた銀行業務の変革の必要性を説いており、弊社のアドバイザーとして、執筆にあたっても多くのアドバイスをいただきました。また、公庫時代の上司で支店長や部長であった、西澤民夫さん、榎本明さん、加藤知紀さん、竹内淳二さんにも多くの貴重なアドバイスをいただきました。

　最後に、妻や幼い息子には執筆の時間をもらい感謝しています。未来の銀行やその業務が、この息子が成人した時、かつて我々世代がそうだったように「銀行で働きたい」と思うような、魅力的な組織や仕事であることを願って筆をおきたいと思います。

2024年3月

古尾谷　未央

事項索引

【著者略歴】

古尾谷　未央（ふるおや　みおう）

　有限会社竹橋経営コンサルティング代表取締役

　公益財団法人日本生産性本部認定経営コンサルタント

　大学卒業後、日本政策金融公庫へ入庫。10年の在籍で融資、審査、事業再生、債権管理など中小企業金融に関する幅広い業務を経験。その後、公益財団法人日本生産性本部を経て独立。

　金融機関向けに取引先の資金繰りを予想するシステム ICAROS-V を開発。それにあわせて金融機関と一緒に取引先企業の改善支援も行っている。一般社団法人全国地方銀行協会にて資金繰りに関する研修実績あり。

　著書『借りない資金繰り』同友館、『新米社長チワワ vs 政府系金融機関』同友館、通信講座「資金繰り完全理解」ビジネス教育出版社

融資業務変革の基点
──資金繰り予想の効用と技法

2024年4月3日　第1刷発行

著　者　古尾谷　未　央
発行者　加　藤　一　浩

〒160-8519　東京都新宿区南元町19
発　行　所　一般社団法人 金融財政事情研究会
出 版 部　TEL 03(3355)2251　FAX 03(3357)7416
販売受付　TEL 03(3358)2891　FAX 03(3358)0037
URL https://www.kinzai.jp/

DTP・校正：株式会社友人社／印刷：三松堂株式会社

ISBN978-4-322-14437-6